投资期限

★投资最容易忽略的事★

陈全伟 著

民主与建设出版社
·北京·

图书在版编目（CIP）数据

投资期限：投资最容易忽略的事 / 陈全伟著. --
北京：民主与建设出版社，2023.3
ISBN 978-7-5139-4109-9

Ⅰ. ①投… Ⅱ. ①陈… Ⅲ. ①投资—研究 Ⅳ.
①F830.59

中国国家版本馆 CIP 数据核字（2023）第 019852 号

投资期限：投资最容易忽略的事
TOUZI QIXIAN TOUZI ZUI RONGYI HULÜE DE SHI

著 者 陈全伟
责任编辑 程 旭
封面设计 逸品书装
出版发行 民主与建设出版社有限责任公司
电 话 （010）59417747 59419778
社 址 北京市海淀区西三环中路 10 号望海楼 E 座 7 层
邮 编 100142
印 刷 三河市天润建兴印务有限公司
版 次 2023 年 3 月第 1 版
印 次 2023 年 4 月第 1 次印刷
开 本 710 毫米 ×1000 毫米 1/16
印 张 13.5
字 数 136 千字
书 号 ISBN 978-7-5139-4109-9
定 价 49.00 元

前言

作者曾主修过一门“组合管理”(Portfolio Management)课程，印象深刻的是，教授在第一节课就开门见山地指出：投资期限是讨论一切投资问题的前提。教授的这个观点也正是作者写这本书的最初想法来源。

现实的投资世界中，投资期限往往是最容易被忽略的事。“做时间的朋友”“长期主义”“生命投资周期”等流行词汇表达了投资期限的部分内容，但还远远不能让投资者全面、准确理解投资期限的内涵和重要性。

“如何给企业估值”和“如何看待股价”是巴菲特认为投资需要学习的唯二课程，而投资期限正是“如何看待股价”的核心内容。

理解投资期限并不需要高深的专业知识，可以说，搞懂投资期限，进而理解如何看待股价，是投资的一门基础课，是一种方法论。尝试用投资期限的角度去看很多投资问题，就不会纠结于一些似是而非的证券理论，也不会被大量廉价的、心灵鸡汤式的投资理念搞得精神内耗。

相比之下，投资第一课——企业估值，是投资理论和实践的核心，是专业课。有的人，生来就具有非凡的商业洞察力，简单翻翻报表或年报就能看透企业的商业模式和价值所在；有的人要么高估平庸企业的反转能力，陷入所谓的"价值陷阱"，要么低估了伟大企业的时间价值，早早卖出大牛股。发掘到优秀的企业，并能以合理的价格买入，不仅需要有经济、商业、财务等专业知识，还需要敏锐的洞察力，以及长期且枯燥的阅读思考和研究工作。

打个比方，理解时间在投资中的作用，认识到投资期限的重要性，就像一个NBA教练，或者一个篮球解说员，其本人不一定是个优秀的篮球运动员，甚至都不需要打过职业篮球，但他们一定对篮球这项运动有着深刻的理解和认识。这种理解和认识绝大部分是篮球运动的常识，是普遍的认知，也是相通的共同语言，只有少部分是教练自己独到的见解。而企业估值，或投资能力，恰如职业篮球运动员的运动天赋，加上后天的勤奋、科学系统的训练，因人而异。

本书引入投资期限这一重要概念，辩证分析"长期主义"和"慢富理论"，并从投资期限角度，进一步探讨投资中和时间相关的问题，包括生命投资周期、股市长期制胜、时间站在投资者一边，三大择时法则和复利公式等。关于如何给企业估值，如何投资，市面上相关书籍汗牛充栋，本书只用一个章节的篇幅——"时间河流上的行船"——做简单的介绍。

时间是有价值的，今天1块钱值明天2块钱，延迟满足，尽早投资，能充分利用时间的长度积累复利。但延迟满足不能做得太过，必要的当期消费和对自身的“投资”也非常重要。

长期投资更容易成功，但“大道甚夷，而民好径”[①]，没有人愿意慢慢变富，因为时间本身就是焦虑的来源。十倍股在任何维度都值得赞赏，但一年十倍和十年十倍仍有巨大差别。更要命的是，长期主义不等同于投资成功，即使奉行长期投资、价值投资也不一定就能获得满意的投资结果。市场上充满了价值陷阱，如果投资了平庸的企业，或者支付了过高的价格，投资者都会遭遇亏损。

本书中，作者理解的投资的长期主义有四层意思：

第一，价值投资适合长期投资，通过长期持有能持续创造价值的公司，更容易实现资本增值。

第二，净资产收益率（ROE）持续高于社会平均回报的优秀公司不容易找到，而且他们的股价低于内在价值的机会很少。所以，不管是凭本事还是凭运气，有机会以合理的价格投资优秀公司股票，请买入并长期持有。

第三，长期持有并不是机械的长期持有某个股票，当所投资股票的价格远高于内在价值，或者投资回报低于持有该股票的机会成本时，卖出该股票，等待或投资下一个投资机会也是长期投资。伟大的投资者也不是一成不变地持股到底，他们时刻在比较所持股票的投资价值和其机会成本。不同的是，他们发现新的投资机会时，

① 《道德经》第53章。

预期的投资期限是长期甚至是永远。

第四，长期投资需要长线资金，投资者需要根据自己的生命投资周期，尽可能早投资，拉长自己的投资期限。

本书大量引用了格雷厄姆、巴菲特、芒格、林奇、霍华德·马克斯等投资大师的投资理念，也广泛吸收了李录、段永平、张磊等杰出华人投资者的投资智慧。这些成功投资者贡献的投资理念和智慧，作者称之为“公共投资智慧”。在“公共投资智慧”中，作者尤其青睐巴菲特和芒格贡献的部分。巴菲特和芒格超长的投资生涯、卓越的选股能力和惊人的投资回报率让世人敬佩，更为难得的是，巴菲特、芒格在“永远”的投资期限下，基于企业内在价值的投资理念做到了一辈子知行合一，他们数十年前的许多观点言论，如今看来也一点都不过时。

巴菲特和芒格的语言风格简洁、幽默，充满智慧。《华盛顿邮报》前发行人凯瑟琳·格雷厄姆在其自传《个人历史》中说，巴菲特善于类比分析和讲趣闻逸事，格雷厄姆夫人称之为“巴菲特语录”[①]。很多时候，需要引用“公共投资智慧”加持作者的观点时，尽管已经很克制，但实在没有比引用“巴菲特说”或“芒格说”更好的选择了。

---

① 凯瑟琳·格雷厄姆著，苗萌、李媛译，《个人历史》，中信出版集团，2010年8月出版，第635页。

目　录

第一章

投资期限

投资期限

投资期限（或持有期限）的英文表达是“Investment Horizon”。CFA教材给的定义是：“指拥有计划和预测目标的时期或投资者收回投资资金的未来时间。”

简单地说，投资期限是投资者预期持有一项证券或证券组合的时间长度，通俗的说法有“长线投资”“短线投资”，或“长期投资”“短期投资”等。大部分投资者包括专业投资人士，把持有1年以上的投资都称为长期投资，而1年以下、3个月以上的称为中期投资，3个月以下的称为短期投资。实际上，投资期限多长算短期投资，多长算中长期投资，并没有固定标准，因人而异。对于专注于短线投资的人，1个月对他们来说就是超级长线投资了。而一些长期投资者，如养老基金、社保基金，他们持有某项具有长期投资价值证券的期限可能是10年起步，甚至更长。

所以，投资目标不同，投资期限也不同。年轻人的养老金投资计划的投资期限可能长达几十年，而企业资金的周转管理可能就几天的投资期限。量化高频交易、涨停板敢死队的投资期限是几天、几小时，甚至几分钟。沃伦·巴菲特11岁时做出了人生第一笔股票买卖，他说他希望的持股期限是永远。巴菲特的投资组合，主要由持有期限超过3年、10年，甚至30年以上的上市公司股票和未上市公司资产组成。

投资期限是证券投资理论和实践中非常重要的一个概念，却最容易被忽略。人们评价投资业绩时往往喜欢用年复合收益率、最大回撤、夏普比率等指标，但却会忘记问问是什么投资期限内的业绩或是什么时间段的业绩。如果小于3年的投资期限，年复合25%的收益率并不能说明什么，一小波牛市就能实现这样的回报。但如果是10年以上，25%的年复合收益率，会让人肃然起敬。同理，在牛市行情中，最大回撤这个指标的意义很小，而在熊市中，最大回撤却能说明很多问题。很多时候，人们热衷于争辩投资理念孰优孰劣，如价值投资VS趋势投资，却忘记投资期限这一前提，一个长期投资者对短线投资者讲价值投资肯定是白费口舌。

投资期限的长短很大程度上决定了投资者承担的风险大小和预期投资收益的高低。一般来说，一个证券组合的持有期限越短，说明投资者承担风险（这里的风险指证券波动幅度）的意愿越低，预期的投资收益也较低。当投资者的投资期限很长时，意味着他们愿意承担的风险更多，预期的投资收益也较高。当投资者构建一个投资组合时，决定投资期限多长是第一步。

投资者在线上或银行柜台上购买基金产品或理财产品时，会被要求填写《风险承受度调查表》，除了金融资产数额、回撤/收益组合选择、投资经验等问题，通常也会问你计划的投资期限是多久，1年，1～3年，3～5年还是5年以上？参考你计划的投资期限，销售机构可以评估你的投资目标和风险承受度是否和投资产品匹配。

一个预期投资期限30年的投资者可以大胆地配置绝大部分资产进入股市，因为投资期限长的投资者不需要担心市场的短期波动。长期投资者有足够的时间等待市场从下跌中恢复，当优秀的股票出现大幅下跌时，投资期限长的投资者甚至可以以更加便宜的价格买入，不会由于投资期限到期被迫卖出而形成本金的永久性亏损。

华尔街传奇基金经理彼得·林奇1996年在接受美国公共电视网（PBS）采访时说："你的投资期是1年还是10年或20年？如果你现在投资股市，目的是一年后为念大学的孩子支付学费，这样的投资是很愚蠢的，这和在赌场里面赌大小没什么区别，因为股市在未来一两年会怎么走，你不知道。在股市上，时间对你有利。在股市下跌的时候，如果你有钱，你不担心下跌，你可以加仓。你不应该担心一时的下跌，你应该担心的是10年、20年后股票会怎么样。"①

① 彼得·林奇1996年接受美国公共电视网（PBS）的采访。

股票、债券的收益/波动特征

在不同的投资期限下，股票、债券具有不同的“收益/波动”特征。股票长期复合收益率高，但短期有大幅下跌的波动风险，如果因为投资期限短而被迫卖出，就会面临本金亏损的风险。随着投资期限拉长，持有股票的风险变小。相比股票，债券在存续期间价格波动会跟随市场利率波动，但波动幅度没有股票大。同样的信用等级，长期债券的价格波动幅度比短期债券大，但到期收益率一般较短期债券高。短期债券的波动和收益率都比股票和长期债券要低。

根据长期数据分析，股票在长期投资期限下的投资回报胜过债券，但股票市场波动很大，特别是在股票市场连续上涨，累积了较多涨幅时，往往也是最危险的时候。如果在股市泡沫的顶点，你不巧成了股市长期制胜的信徒并买入持有，很有可能在一段较长的时间内，甚至5年、10年内都看不到赚钱的希望。

1999年8月，在科技股泡沫最疯狂的时候，时任摩根士丹利首席策略师的巴顿·比格斯参加了一场研讨会，和一位名叫格拉斯曼的市场专家辩论。格拉斯曼当时刚出版了一本书，书名为《道指36000点：股市新行情获利战略》。格拉斯曼的观点是：道琼斯指数合理位置应该是当时的3倍，也就是36000点；从历史看，股票的表现总是优于债券，而风险溢价将从3%继续下降到零，股票价格可以卖到100倍市盈率，而带来和债券一样安全的回报。格拉斯曼暗讽比格斯已经过时，只有过于死板才会对当下的股票市场不看好。

比格斯反驳说，虽然从长期来看，股票带来的收益要大大高于债券，但不要忘记：在5年、10年甚至15年的区间内，股票的表现可能都大大低于债券。如果你在此期间需要收回投资，会非常痛苦。统计表明，1929年大崩盘之后，股市花了15年的时间才回到崩盘前的高点，花了21年的时间才超出债券的回报。1982年道琼斯工业平均指数和1965年时一样高，而实际购买力已经丧失了一半有余。回报在很大程度上取决于你何时投资。事实上，比格斯继续分析，1926年至1999年，股票的年波动性大约为20%，债券为8%，现金为1%。逃避波动性的唯一方法就是把你的股票牢牢握在手里30年不动，但这样你的投资就变得流动性极差。万一10年后你就想卖出，还是要受波动性的困扰。[①]

杰里米·J.西格尔在其著作《股市长线法宝》(*Stocks for the Long Run*)中，统计了美国金融市场从1802年到2012年，在1～30年内的不同持有期内股票收益（全收益率，包含股息收益）超过固定收益类资产（债券和短期国债）的比例。研究显示，随着持有期的延长，股票收益率超过债券或短期国债的概率也显著增加。就10年

① 巴顿·比格斯著，张桦、王小青译,《对冲基金风云录》，中信出版社，2007年1月出版，第186页。

持有期而言，股票在80%的时间里战胜了债券；就20年持有期而言，这一比例达到了90%；在所有的30年以上的持有期内，这一比例将近100%。

西格尔发现，股票对债券的压倒性优势在长期数据中体现得非常明显，值得注意的是，对持有期为1年和2年的股票而言，其收益率在5年中大约只有3年超过债券或短期国债的收益率。这意味着，每5年中将近有2年的时间，股票投资的收益率会低于短期国债或银行定期存款的收益率。债券甚至银行存款的收益率在短期内战胜股票的概率如此高，也成为许多投资者不愿意将资金投资于股票的一个主要原因[①]。

再举个例子。假如你有一笔钱，1年之后需要使用，投资期限只有1年，即使你投资世界上最稳健的“股神”巴菲特管理的伯克希尔哈撒韦的股票，你也不能保证每年赚钱。在1965—2021年的57年里，伯克希尔哈撒韦的股票有11年里收益率为负，其中有4年跌幅超过20%，1974年跌幅更是达到48.7%。即使你买入最能代表美国经济实力的宽基指数——标普500指数（计入股息），亏钱的年份也有12年，其中有6年跌幅超过10%。[②]

上面的统计是假设年初买入年底卖出，如果你不巧在某个高点买入，1年后亏钱的幅度和概率会更高。历史上，伯克希尔哈撒韦

---

① 杰里米·J.西格尔著，马海涌、王凡一、魏光蕊译，《股市长线法宝》，机械工业出版社，2018年8月出版，第97—99页。

② 根据伯克希尔哈撒韦2021年年报数据统计。

的股价分别在1973—1974年漂亮50泡沫破灭，1998年金融危机和2008年金融危机中经历过3次跌幅超过50%的下跌。

生命投资周期

巴顿·比格斯曾风趣地说："我很少见过年轻的空头和年老的多头。"①

刚毕业参加工作的人处于人生的投资周期早期，可预期的投资期限也最长，但此时往往没有积蓄，可投资本金最少；处于35～60岁阶段的退休前中年人处于人生的投资周期中段，也是人生最重要的投资黄金时期，积累了较多的投资本金，同时投资期限相对依然较长；60岁以上的退休人士，投资周期进入末端，投资期限最短，劳动收入减少，投资资金的安全性越来越重要。

林奇告诫投资者说："你的投资组合设计可能需要随着年龄的改变而改变。年轻人嘛，未来还有一生的时间可以赚很多钱，所以可以用更多的资金来追逐10倍股，即使犯一些错误也不要紧，直到寻找到一只超级大牛股从而成就一番伟大的投资事业。但那些上了年纪的投资人最好还是别这么干了，他们更需要从股票投资中获

① 巴顿·比格斯著，崔传刚译，《癫狂与恐慌：巴顿·比格斯论金融、经济与股市》，中信出版集团，2016年3月出版，第196页。

得稳定的收入来维持生活。”[①]

因此，在确定资产配置方案时，你所处的生命周期阶段便成为一个重要的决定因素。你能持有投资组合的期限越长，股票在投资组合中所占的比重就应当越大，即年纪越轻，个人资产中股票所占的比例应该越大。随着年龄的增长，未来消费来自工资的比例下降，投资账户成为消费重要的资金来源，如果股票市场表现不佳会直接影响到个人生活水平。所以，年纪大的投资者逐渐成为股票市场的净卖出者，资产配置转向现金类或固定收益类资产投资。

深交所2021年公布的《2020年个人投资者状况调查报告》显示，我国新进入股市的投资者呈现年轻化趋势。2020年新入市投资者平均年龄为30.4岁，较2019年降低0.5岁。股市投资者平均年龄降低，通过股票、公募基金等进行权益类资产投资的需求也显著增加。2020年投资者证券账户平均资产量59.7万元，较2019年增加5万元，达到历年调查最高水平；接受调查的投资者中，投资公募基金的占比67.1%，较2019年大幅增长21.3个百分点。

现实中，投资者经常会低估自己的投资期限，没有充分利用生命投资周期进行资产配置。一个重要的原因是，有些投资者错误地认为投资期限指的是持有某只特定的股票、债券或基金的期限。实际上，投资期限可以是投资某种股票或债券的时间长度，也可以是

---

① 彼得·林奇、约翰·罗瑟查尔德著，焦绪凤、王红夏译，《彼得·林奇的成功投资》，机械工业出版社，2006年5月出版，第309页。

投资某种投资组合，如养老账户的时间长度。在较长的投资期限内，投资组合中的具体投资品种会经常发生变化。

投资越早，你的生命投资周期就越长；生命投资周期越长，投资股票越有利。但实际情况是，大部分投资者在工作早期没有多少积蓄，甚至背负着学费贷款、校园借贷等负债，工资收入往往优先用于还债、工作技能投资和必要的改善生活需求，投资意愿或者投资意识并不强，没有充分利用投资期限长带来的优势。

有时候，随着宏观环境、股票市场的牛熊和利率周期的变化，不同年龄段的投资者持有股票类权益资产的意愿在一定时期也会出现和其投资期限不对应的情况。

根据美联储2018年公布的《消费者财政状况调查》(以下简称《调查》)显示，从2007年到2016年，几乎每个年龄段的持股美国家庭(无论是直接持股还是通过基金以及退休账户持有)占比均在下降。但由年龄在75岁以上的老年人当家做主的家庭持股比例却从金融危机爆发前的2007年的40%上升到49%，在美国股市最近一轮牛市起点的2013年，这个比例只有35%。49%的比例是美联储自1989年以来每3年开展一次的《调查》中这个年龄组录得的最高数据。不出意外的是，每次调查，由年龄为55岁至64岁的美国人当家做主的家庭中，持股家庭比例达58%，一直是所有年龄段中最高的。[①]

① 《爷爷辈市场：美国股票更受老人投资者青睐》，刊登于《商业周刊》中文版，2018年1月8日。

退休投资者往往是保守型的。虽然股票长期可以带来更多回报，但股市容易出现急剧的下跌，或者是较长期的熊市。一位80岁的老人可没有几十年的时间去等待股市的反弹。为什么退休投资者出现了股票投资意愿上升呢？

一个重要的原因是，对传统退休金依赖度下降，对401K和个人退休金账户依赖度上升的那一代美国人开始进入75岁。这批退休投资者具有非常丰富的投资经验，享受了美国战后经济繁华带来的巨额财富增长。年轻人还在惊恐于新世纪的科技股泡沫破灭和全球金融危机，这批退休投资者依然记得20世纪80年代和90年代呼啸的大牛市，他们对股票投资驾轻就熟，做了一辈子的投资，并且充分享受了股票投资带来的丰厚回报。

《调查》还发现，2016年，高龄美国人与年轻美国人之间的财富差距扩大到了有史以来的最大水平。由年龄在75岁以上老年人当家做主的典型家庭所拥有的财富净值是35岁以下年轻人做主的家庭的24倍以上。长期的投资期限带来了更多的财富，使得这一代老人拥有更多承受潜在亏损的能力。

相比之下，年轻的投资者相比2007年投资股市的比例更低，其中重要的原因是2008年全球金融危机对这代年轻人造成的影响还没有消退。2008年金融危机后，美国工薪阶层的工资增长非常乏力，加上几乎按5%左右年复合率增长的学费负担，年轻家庭很难有效进行储蓄和投资。美联储2018年的这项调查表明，高龄美国人的财富中位数经通胀调整后2016年比2007年增长了7%，而年轻美国人下降了20%。

所以，并不是老年人喜欢上了股票投资，而是因股票投资变得富有的人变老了。

你的人生比平均预期寿命长

财富需要时间来积累。除提高投资水平外，根据生命投资周期理论和股票、债券的收益/波动特征，尽可能延长自己的投资期限能提高最终投资收益率。而延长投资期限的一个最佳方法就是延长自己的寿命。好消息是，随着社会的发展，人类的寿命越来越长。

大约在2019年的时候，朋友圈里曾出现过一张令人震撼的毒鸡汤图：每个年龄段，以生命剩余电池量的形式表示对应剩余寿命。原图非常有震撼力，转为文字描述是：

50年代生的人，余生只剩下9年+的时间；

60年代生的人，余生只剩下19年+的时间；

70年代生的人，余生只剩下29年+的时间。

计算的方式是取当年公布的居民平均预期寿命值（2018年我国居民平均预期寿命为77岁），减去每个年代的最大年纪（如1950年生，1960年生，或1970年生）。即使取每个年代的中间值，分别是1955年、1965年、1975年，则50、60、70年代人的剩余寿命平均为14年、24年、34年，每个年代生的人剩余生命值依然令人震惊，不得不感叹时光易逝，岁月无情。

但其实，每个目前还健在的人的平均预期寿命比上面的计算要长。长期以来，人们普遍存在着关于平均预期寿命的概念错误和计算错误。

人口平均预期寿命（Life expectancy）是指假若当前的分年龄死亡率保持不变，同一时期出生的人预期能继续生存的平均年数。一般我们看到官方或媒体公布的数字，特指某年新出生人口的平均预期寿命。如根据《2021年我国卫生健康事业发展统计公报》，2021年我国居民平均预期寿命由2020年的77.93岁提高到2021年的78.2岁，这是指当年0岁，即当年新出生人口的平均预期寿命是78.2岁。实际上，每个年龄段都对应有人均预期寿命，但是0岁组更能反映一群人从出生到死亡能够活到的年龄，不受人口构成的影响，因此不同国家和地区、不同年代都可以比较。

按照生命剩余电池量的计算，假设你1950年出生，2021年71岁，是不是剩余寿命只有7.2年（78.2-71）了呢？这个简单推算是错误的，低估了71岁人的剩余生命。

78.2岁是2021年当年出生的新生儿的平均预期寿命，2021年已经71岁的人在1950年出生时的平均预期寿命是40.8岁，由于同时期生的人每年都有人先你而去，贡献了低于平均值（40.8岁）的最终寿命，随着你顽强地活了下来，你的最终寿命会越来越高于当年新出生人口的平均预期寿命（新出生人口的平均预期寿命和最终寿命相等）。不仅如此，随着你的年龄增加，你的最终寿命一般也会高于现在的新出生人口平均预期寿命。

表1　2013年北京市各年龄段平均预期寿命（年）

年龄（岁）	0	18	19	20	25	30	35	40	45	50	55	60	65	70	75	80
平均预期寿命	81.5	64	63.5	62.5	57.5	52.5	48	43	38	33.5	28.5	24.5	20.5	16.5	13	10.5

数据来源：《2013年北京市卫生事业发展统计公报》，北京市疾控中心

表1是2013年北京市各年龄段的预期寿命值。[①] 从表1可以看出，2013年时，70岁的老人平均预期寿命还有16.5年。简单推算，2013年，一位71岁的北京老人大概的预期寿命在15.5岁以上，最终寿命为86.5岁（71+15.5），比2013年当年北京市新出生人口平均预期寿命的81.5岁大了5岁。实际上，只要你没有一出生就夭折，随着年龄增加，你的最终寿命一般会高于现在的新出生人口的平均预期寿命。根据表1，2013年18岁的北京青少年最终寿命为82岁（64+18），高出2013年新出生人口的平均预期寿命0.5岁。

所以，大致正确的各年龄段剩余生命计算是：参考北京市2013年的数据，假设2021年时71岁的人（全国平均），他的最终寿命比2021年新出生人口的平均预期寿命要长5年，他的最终寿命大约为83.2岁（78.2+5），剩余生命为12.2年，而不是7.2年。

科学的各年龄段的平均预期寿命是根据各年龄段死亡率等统计数据计算出来的，有专门的统计编制方法，不能像生命剩余电池量那样简单推算。生命剩余电池量计算方法的一个显而易见的错

① 0岁人口平均预期寿命是《2013年北京市卫生事业发展统计公报》公布的数据，18岁及以上人口平均预期寿命是根据北京市疾控中心2014年6月16日发布的分男性和女性的平均预期寿命的平均值。

误是，一个年龄大于81.5岁的北京人是不是有负的平均剩余寿命呢？事实上，如表1所示，2013年80岁的北京人，还剩下10.5岁的平均寿命可活，即使百岁以上的人，平均预期寿命也是正的，有0.5～1岁，只是没有统计公布出来而已。

随着医疗卫生、生活条件等要素的不断改善，人类死亡率在降低，人口平均预期寿命逐年增加。2021年，我国新出生人口平均预期寿命是78.2岁，比1949年中华人民共和国成立时的35岁增加了43.2岁，比2016年的76.5岁增加了1.7岁。有科学家发现，自1840年以来，发达国家的人口寿命一直在以每年3个月或者每10年2.5年的速度增加[①]。更有科幻的观点认为：未来随着基因、生物技术的突破，人类有可能实现每过1年，预期寿命值也增长1年的目标。如果这个目标达到，人类基本就实现永生了。（希望这个预期能早日成为现实，但永生带来的人口过多的问题怎么解决？）

更为现实的情况是，人类寿命是有天花板的。2016年10月5日，《自然》杂志上发表过一篇文章，文章根据发达国家长寿老人的数据变化，得出推论认为，人类寿命正在接近天花板，这个天然极限值约为115岁。

① 原文出自*Forever Young*，《The Economist》，March 27，2004，P6，转引自杰里米·J.西格尔著，李月平等译，《投资者的未来》，机械工业出版社，2018年出版，第198页。

第二章

厘清投资期限能解答很多争议

谁是真正的“股神”？

投资管理行业永远不缺神话，但拉长投资期限后，大部分人只是昙花一现，并没有摆脱均值回归的规律，无法证明自己不是因为仅凭运气而成功。有些成功投资者则通过了时间的证明，成为投资的长跑冠军和常青树。

从1965年到2021年的57年里，巴菲特投资管理的伯克希尔哈撒韦股票年复合回报率达到20.1%，同期标普500指数年复合回报率为10.5%。在这57年里，巴菲特也不是时刻领先市场。1974—1975年，巴菲特曾连续两年累计跑输指数57%，在1999年，巴菲特更是1年内大幅跑输标普500指数41%，一度被媒体质疑是否已经过时。

比尔·米勒在1991—2005年期间曾连续15年跑赢标普指数，被誉为华尔街“金手指”。但在随后几年里，特别是2008年金融危机时，业绩大幅回撤，沦落为全市场最差的基金经理之一。幸运的是，2016年后，米勒又凭借着早期对亚马逊和比特币的重仓投资，实现了东山再起。

凯瑟琳·伍德（Cathie Wood，又称为“木头姐”）是华尔街近年新晋股神，其旗舰基金——ARK创新基金重仓特斯拉等新兴科技股。由于第一重仓股特斯拉股价在2020年涨幅达到743%，ARK创新基金一举成为2020年全市场最佳基金。但2021年到2022年，随着科技股的大幅回调，ARK基金净值连续2年暴跌，成为市场表现垫底的基金之一。之前的成功是靠运气，还是投资能力？

《随机漫步的傻瓜》的作者纳西姆·尼古拉斯·塔勒布认为，我们观察到的优秀的基金经理是幸存者认识偏差的一种表现形式。人们倾向于认为，交易员之所以能够赚到钱是因为他们是好交易员！也许我们把这种因果关系本末倒置了：我们仅仅因为他们赚了钱才认为他们是好的，因为在金融市场上你可以完全因随机性而赚到钱。[①]

并不是所有人都认同塔勒布的随机性和幸存者偏差理论。巴顿·比格斯认为，按照统计学解释，伟大的基金经理们只是一帮全

① 纳西姆·尼古拉斯·塔勒布著，盛逢时译，《随机漫步的傻瓜》，中信出版集团，2012年7月出版，第80页。

国猜硬币比赛的随机胜利者的想法过于疯狂[①]。比格斯坚信，市场存在一些像“马语者”一样的优秀基金经理能长期战胜市场。

西格尔在《股市长线法宝》中认为，麦哲伦基金在1977—1990年的表现是不能用运气来解释的。在此期间，麦哲伦基金的掌门人是美国传奇选股大师彼得·林奇，其复合收益率每年超出市场平均水平13%，这一结果令人难以置信。仅凭运气的话，在整整14年的时间里，超出威尔希尔5000指数如此高水平的概率只有50万分之一。1972—2012年，巴菲特实现的年收益率高达20.1%，这一收益率比标准普尔500指数高出10%。仅凭运气，实现这一收益率的概率不到10亿分之一。西格尔由此确定，巴菲特与林奇所取得的超凡业绩完全在于其丰富的选股经验[②]。

如果加入投资期限这一讨论前提，塔勒布和比格斯、西格尔他们就不会发生本质的分歧。塔勒布在《随机漫步的傻瓜》一书中讽刺了很多交易员，他们像傻瓜一样被随机性愚弄成功，是运气让他们成功或失败。塔勒布说的这些交易都是短期、高频的交易，基本符合随机波动，一两年内的投资成功具有偶然性，基本上可以用统计学解释。

一个长期成功的投资者，不仅需要对商业和人性有深刻的洞察

① 巴顿·比格斯著，崔传刚译，《癫狂与恐慌：巴顿·比格斯论金融、经济与股市》，中信出版集团，2016年3月出版，第105页。

② 杰里米·J.西格尔著，马海涌、王凡一、魏光蕊译，《股市长线法宝》，机械工业出版社，2018年8月出版，第370—371页。

力，还需要对企业有长期的深入研究和独立思考。投资期限很长的价值投资者，他们拥有出色的企业估值能力，严守能力圈，工作勤奋，能正确看待市场的波动性，不会被股价短期随机波动戏弄，所以，价值投资的长期赢家并不是抛硬币的随机性结果。就如天赋突出的优秀运动员也需要通过长期、科学的训练，才能一步一步赢得比赛，甚至最终赢得世界冠军。没有科学、系统训练的运动员，即使天赋很高，也不可能仅凭运气就赢得奥运金牌。

短期的业绩评价对价值投资者而言没有太多意义，投资是一个看全局的游戏。知名投资人段永平说过，投资有点像打高尔夫，一场正规的高尔夫比赛要打4天72洞，每天18洞，某一洞打得漂亮并不重要，最终要看整场比赛下来的成绩。如果高尔夫比赛只比一个三杆洞，几乎可以肯定，最后的胜者不是那个球技最好、训练最刻苦的人，而是当天运气最好的人。林奇做过类似的比喻，林奇说:“投资就像一场篮球比赛，需要看4节比赛之后的总比分，而不能纠结于中间某一节没打好。”① 林奇认为，投资业绩考核期至少以4年起步。

投资看全局，巴菲特在过往50多年投资中取得了3万倍的收益，配得上“股神”称号。但如果按每天的投资业绩评比“股神”，巴菲特估计永远也排不上。事实上，即使按1年、2年或3年的排名，巴菲特也常常落后于市场和同行。

---

① 1996年林奇接受PBS的采访。

当市场气氛热烈时，价值投资者基本会跑输市场。因此，巴菲特早在1965年致股东的信里就说过："我们做得好与坏，不能用我们某一年的盈亏衡量。评价应该看五年，至少三年，低于三年的业绩没有意义。我们的合伙基金肯定有落后道指的年份，甚至是远远落后。投资的长期收益率如果能超越道指10个百分点就顶天了，所以请各位读者自行在心里调整上述某些数字。"

2021年以来，教育、医药、食品饮料、家电等成长股板块股价大幅下跌，一些投资风格偏向价值成长的知名投资人也遭遇了业绩大幅回撤，虽然他们拥有10年甚至20年的长期优秀业绩，但还是受到市场的诟病和争议。需要记住的是，在某一时间段，或以一个较短的投资期限去评价投资人时，我们必须相当慎重。投资表现不佳时，我们需要评判投资人是否还坚守价值投资理念，是否还坚守长期投资。在熬过1973—1974年的净值腰斩后，巴菲特在1976年实现了129.3%的投资收益，1979年实现了102.5%的投资收益。到了1980年时，巴菲特不仅走出了净值腰斩的阴影，而且净值相比1972年增长了4倍。

再讲个段子，据说某私募向特定客户推介产品时，在连续的3个时间段分别用旗下3个不同基金的业绩拼接出完整的历史投资业绩。神奇的是，客户并没有发现其中有什么问题，而是为眼前的完美净值曲线所折服。记住！每当有人出示具有奇特起止时间点的数据时，我们都应当产生疑问：为什么他们使用这个时间段[①]。

买股票赚钱？买股票亏钱？

一项投资，长期看是对的，但短期看可能是错的。而短期看很正确的投资，拉长投资期限看，又可能是错的。

图1是沪深300指数2018年到2022年10月的周K线走势图。2018年沪深300全年下跌接近30%，2019年到2020年整体上涨70%多，涨幅翻倍的个股比比皆是。2021年到2022年，股市开始持续下跌，很多优秀上市公司的股票跌幅超过50%。

一位名为小胖的投资者讲述了他在2018年到2022年10月接近4年里的投资心路历程。2018年时小胖有一笔闲钱，决定到股市碰碰运气，计划的投资期限为1年。但他运气很差，在2018年初入市，经过1年下跌，亏损大约30%，年底止损出局。小胖后悔自己做了错误的投资决策，不应该买股票，应该存银行或投资货币基金。2019年，市场开始回暖，结构性行情如火如荼，各种“茅指数”屡创新高，小胖开始后悔自己2018年底清仓的决定。熬到了2020年上半年，市场人气依然很高，小胖再也忍不住了，二次入市，小半年左右赚了20%的收益。小胖庆幸自己出手及时，才没

① 加里·史密斯著，刘清山译，《简单统计学》，江西人民出版社，2018年1月出版，第290页。

有被这波财富浪潮抛弃。趁着市场依然火热，小胖决定加仓，准备大干一场。然而，天有不测风云，2021年开始不久，市场就开始下跌，2021年一年，账户原来的收益就基本跌没了。小胖安慰自己，短期内市场总是有波动的，不能再犯2018年底清仓止损的错误了，要长期持股，做长期投资者。2022年后，市场进入了快速下跌通道，前期市场推崇的“茅指数”股票的股价大多已经腰斩，甚至跌得更多，很多坚挺的股票也开始补跌，小胖的股票也已经深度套牢，账户亏损又超过了30%，但是股市还看不到复苏的迹象。小胖又开始后悔了，当初自己就该远离股市，不能因为市场涨了就跟风进来。现在是躺平继续持股，还是及时止损，认输出局呢？小胖回想起自己2018年底因为没能在最后关头熬住而错失后面的上涨行情，左右为难。

图1　沪深300指数走势图（2018.1.1—2022.10.31）

投资的时间段不同，投资者对股票市场的评价也不同。图1按年大致分成4个时间段，2段上涨，2段下跌。假设两个投资者，投资期限都是1年，但投资阶段不一样，一个2018年入市，另一个2019年入市；或者一个2020年入市，另一个2021年入市。两个投资者就会像盲人摸象一样，在讲述自己的投资经历时，一个说股市很赚钱，要长期投资股市；另一个说股市风险很大，是赌场，大家千万不要投资股市。

具体股票也是如此。图2是号称“药茅”的恒瑞医药股价走势图，很容易就可以看出，恒瑞医药在2021年前是个优秀股票，2021年后是个坏股票。不同的投资者，投资期限不同，投资时间段不同，就无法对同一个股票做出客观的评价。买股票会亏钱，买股票会赚钱，也可以把这个顺序颠倒过来。

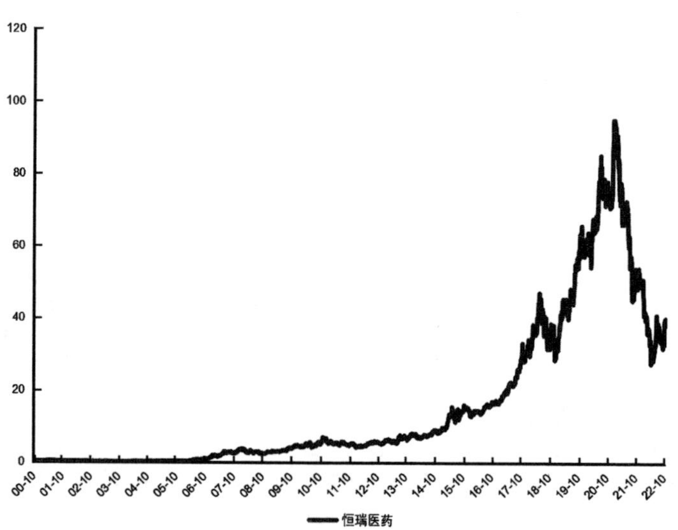

图2　恒瑞医药股价历史走势（2000.10.18—2022.10.31）

如果投资期限在三五年之内，投资者在做股票投资决策时需要认真考虑入场时机，避免在市场相对高估的时候入场。如果投资期限超过10年，甚至更长，择时的意义就变得相对不重要。普通投资者应该做好资金配置，把短期不用的钱投资股市，近期可能需要支出的钱做流动性好、收益安全的投资，如银行存款、货币基金等。

投资风险是股价波动吗？

在投资领域，如何定义风险存在巨大的争议。投资类教科书普遍用股价或收益率的波动方差、贝塔系数等指标来衡量投资风险。但以格雷厄姆、巴菲特等为代表的价值投资者对教科书的风险定义颇为不屑。

本杰明·格雷厄姆在其著作《聪明的投资者》中指出："人们往往会把风险的概念，扩展到所持有的证券可能会出现下跌的情况，即使这种下跌只是周期性的和暂时性的，而且他无须在此时卖出。就真正的投资者而言，单是市场价格的下跌，并不意味着他面临着实际的亏损风险。如果以合理的投资年限来衡量，一组精心挑选的股票投资组合，能为我们提供满意的整体回报，那么，这一组合实际上就是'安全'的。在此期间，其市场价值肯定会有所波动，但投资者同样有可能不会在成本价之下卖出股票。如果这一事实给投资造成了'风险'，那么，这种投资既应被称作是有风险的，同时也应被称作是安全的。我们的观点是，一组经过适当挑选的投资组合，是不会含有此种风险的，至少其程度不会很高，因此不应仅仅因为其价格的波动而宣称‘股票有风险’。不过，如果相对于股票的内在价值而言，买入价格过高，这种风险就会因此而呈现。”①

巴菲特认为，投资的风险不是由贝塔系数，而是由合理的概率来衡量，即一项投资使其所有者在其预期的持有期间中丧失购买力（即本金损失）的概率。巴菲特说，资产价格有可能会大幅波动，但投资者只要合理地确保在持有期间其购买力不断增强，这项投资就不会带来风险。而某些价格不波动的投资却有可能充满风险（现金的波动为零，但通货膨胀每年都会侵蚀其单位货币价值的实际购买力）。②

巴菲特说："如果你问我，今天买可口可乐明天卖出，这样的风险如何？我只能说风险太大了。"③ 巴菲特认为，风险和投资者的投资期限有着千丝万缕的联系，这一点是巴菲特和现代投资理论关于风险定义的最大不同之处。巴菲特解释，如果你今天买了股票打算明天卖出，这就等于参与了风险交易。其中的赔率不会好于抛硬币游戏，有一半的机会失败。然而，如果你将投资期限延伸至数

---

① 本杰明·格雷厄姆著，王中华、黄一义译，《聪明的投资者（第4版）》，人民邮电出版社，2010年8月出版，第94页。

② 2010年巴菲特致股东的信。

③ 原文载于《杰出投资者文摘》（*Outstanding Investor Digest*）June 23，1994，P19，转自罗伯特·哈格斯特朗著，杨天南译，《巴菲特之道》，机械工业出版社，2018年3月出版，第224页。

年，风险的可能性就会下降，当然前提是你做了有意义的投资。巴菲特认为，投资者应该像企业家一样才对，真正关键的是企业的“内在价值风险”，而不是股价的走势。他说，真正的风险是一项投资的税后回报“是否为投资人至少保持其投资之初的购买力，加上合适的利率因素”①。

知名投资人李录在《穷查理宝典》中文版序言中认为，投资股市的最大风险不是价格的上下波动，而是你的投资未来会不会出现永久性的损失。李录和巴菲特、芒格持同样的观点，认为单纯的股价下跌不仅不是风险，其实是机会。不然哪里去寻找便宜的股票？②

高瓴资本创始人张磊对投资风险的理解更为综合。张磊认为，在现代金融学范畴中，风险往往被理解为市场波动，但这种理解的前提是市场是有效的。从价值投资角度看，风险更有可能是资本永久性、不可逆的损失。张磊说，大多数人的评估标准是看投资收益的波动方差，而我从入行第一天起就被要求看出数字背后的本质并忽略那些从“后视镜”中观测到的标准方差③。张磊认为，回报会随着时间日益增多，成本会随着时间变本加厉，而风险会随着时间相对缓和。风险的短期波动性会随着时间的推移逐步被市场理解和消

---

① 1993年巴菲特致股东的信。

② 李录，《书中自有黄金屋》，《穷查理宝典》（彼得·考夫曼编，李继宏译）中文版序言，中信出版集团，2016年7月出版，第6页。

③ 张磊著，《价值》，浙江教育出版社，2020年9月出版，第31页。

化，因此，长期持有会降低投资的不确定性[①]。

橡树资本霍华德·马克斯的说法更为客观："学者们是出于方便起见，才选择了以波动性指代风险。学者需要一个可计算的、客观的、能够查明来龙去脉的数字波动性符合他们的要求，而大多数风险类型不符合。这一切的问题在于，我并不认为波动性就是大多数投资者关心的风险。""我认为，人们拒绝投资的主要原因是他们担心亏本或收益过低，而不是波动性。""我确信，'风险'就是——首要的是——损失的可能性。"[②]

霍华德还进一步把由于投资期限较短带来的投资风险归为流动性风险。他说："如果投资者需要一笔钱在三个月内做手术或在一年内买房，那么他（或她）就不能进行到时没有折现把握的投资。因此，对该投资者来说，风险不仅仅是损失或波动性，或上面提到的任何风险。它是一种无法在需要的时候以合理的价格将投资转化为现金的风险，也是一种个体化风险。"[③]

需要注意的是，投资期限较长能够降低股价波动导致损失的风险是建立在投资正确、选对股票的基础上，也即巴菲特所说的"有意义的投资"。对于错误的投资，无论你的投资期限长短，都充满

① "张磊：极少有人真正理解时间的价值"，"价值投资者"公众号，2019年1月22日。

② 霍华德·马克斯著，李莉、石继志译，《投资最重要的事》，中信出版集团，2015年9月出版，第50—51页。

③ 霍华德·马克斯著，李莉、石继志译，《投资最重要的事》，中信出版集团，2015年9月出版，第53页。

了永久损失本金的风险。

投资正确股票，做“有意义的投资”，不管市场的短期波动长期持有，理论上正确，但在实际操作中，是非常难做到的。有时，股票基本面的变化需要投资者重新评估是持有还是卖出，但更多的情况是，投资者因为股价波动而怀疑自己的投资判断是否正确，导致无法长期持有真正有价值的股票，在股市危机中，这一点表现得尤为明显。

2000年世纪之交，以互联网为代表的科技股泡沫破灭大家记忆犹新。这场危机中，股价从最高到最低，苹果跌了81%，股价再次恢复到前期高点用了5年；微软跌了63%，股价再次恢复到前期高点用了15年；亚马逊跌了95%，股价再次恢复到前期高点用了10年。如果你的股票5年、10年、15年都没有赚钱，多少人能坚定持有，不止损或转投新的热门股票呢？要知道，上面提到的公司已经是我们这一代人在我们的生命投资周期中能遇到的最牛的公司了。实际情况是，数量众多的创业公司、失去竞争力的公司或短期热门股，只需要一次危机，企业和股价就灰飞烟灭了。

投资人在投资基金，选择优秀的基金经理时面临同样的问题。

巴菲特在评价芒格早期的投资生涯时说，“芒格的投资组合非常集中，因此他的投资业绩非常波动”，“他愿意接受投资表现的波峰和波谷”。巴菲特在描述芒格的投资表现时没有使用“风险”这个词。按照现代投资理论来看，芒格早期合伙企业在1962—1975年的14年投资业绩极具“风险”，它的标准方差是大盘的两倍，但

14年的平均年回报率达到19.8%[①]。芒格愿意接受投资业绩的波峰和波谷，而且长期业绩突出，但合伙企业的投资人并不买账。由于业绩表现大幅波动，合伙企业的投资人缺乏信心进而大批撤资，这是芒格选择结束其合伙企业的主要原因之一。

这里引申出基金经理普遍遇到的一个难题：投资人既要求收益率高，又要求回撤和收益率波动小。这个问题没有完美的解决方法，主要有两个原因：第一，基金投资人不参与投资决策过程，无法也没能力对基金经理投资的股票做“内在价值”评估，投资人每天看到的只是净值表现，净值的波动也就自然成为他们关注的“风险”。第二，投资人的投资期限长短不同，投资期限长的投资人可能不关注净值的短期波动，更关注基金的长期表现，但也有很多基金投资人投资期限短，需要动用投资账户来支付当下的消费需求，自然他们希望净值不要波动太大。

概括而言，从投资期限角度，可以更好地解释关于投资风险的认识分歧。对于短线投资者而言，市场的每一个微小波动都是风险，短线投资者只要没有实现低买高卖就会造成本金的永久性损失。而投资期限长的价值投资者，他们关注的只是股票的内在价值变化而不是股价波动。甚至，市场的波动会给予他们以合理的价格，或者便宜的价格买入优质公司的机会。巴菲特说：“我们买了股票之后，即便股市关闭一两年，我们也不会担心。例如我们

---

① 彼得·考夫曼编，李继宏译,《穷查理宝典》，中信出版集团，2016年7月出版，第45页。

拥有100%股权的喜诗糖果，我们根本不需要每天的报价来证明我们干得好不好。同样的道理，为什么我们需要给可口可乐每天报价呢？”①

市场是有效的吗？

市场有效理论的信奉者，认为价格就是价值的货币标价，股价里已经反映了影响价值的任何公开和非公开信息，费心研究企业内在价值是白费功夫。而市场有效理论的怀疑者，专注评估企业内在价值，寻找并利用股价与内在价值之间出现不一致时的投资机会，换句话说，他们首先关注资产价值，然后才看价格。

巴菲特说：“从观察来看，市场经常是有效的，但它并不总是有效的。其间的区别就像白天不懂夜的黑。”② 巴菲特质疑有效市场理论的一个关键论据是：没有证据表明，所有投资者都会分析所有获得的信息，并由此获得竞争优势。

市场有效理论的另一个有力的反证就是：如果有效市场理论正确，就不会有人，或一群具有相同投资理念的人持续跑赢市场，尤其是这些人都来自同一个地方。1984年，为纪念格雷厄姆与多德出版《证券分析》50周年，巴菲特在哥伦比亚大学发表了题为

① 1993年巴菲特致股东的信。

② 1988年巴菲特致股东的信。

《格雷厄姆-多德的超级投资者》的演讲。在这篇演讲中，巴菲特详细列举了9位取得非凡投资业绩的基金经理的事迹。巴菲特说，我知道一些人，他们管理的投资都在长期战胜了市场，而且他们取得这样的成果并非因为运气好，而是他们都遵循了一些原则，这些原则都来源于本杰明·格雷厄姆，这些人都是格雷厄姆-多德的知识部落里的居民。

市场并不总是有效的，而且有时失效的时间会很长，价值和价格的偏离度也比较夸张。

历史上陷入财务造假丑闻的公司，如安然公司、康美药业等的股价在很长的时间内不跌反涨，是机构投资者扎堆的大市值蓝筹股。按照市场有效理论，总有内部人或相关人士知道公司的财务造假行为，而且市场上也经常有质疑的声音，但实际上这些丑闻公司的股价在相当长的时间里并没有反映这些负面信息。

1999年夏天，《时代》周刊刊登一篇封面文章，标题为《沃伦，究竟哪儿出了问题？》。巴菲特是当时科技股泡沫的最大看空者之一，事实似乎证明他这次真的看错了。经过90年代新经济周期的酝酿，从1999年下半年开始，以网络股为代表的科技股股价像火箭一样飙升，而巴菲特重仓的可口可乐等传统公司股价却大幅下跌。巴菲特在1999年致股东的信中自我批评道："我唯一的功课是资本配置，而1999年我这门功课的成绩是'D'。"1999年初，伯克希尔哈撒韦的股价曾到达80 300美元，到了2000年初只有50 000多美元，最高跌幅近40%。巴菲特反复默念："我知道市场会变化，我只是不知道什么时候变化。”

2000年初，网络股股票突然开始被大量抛售，纳斯达克市场进入崩溃模式。纳斯达克综合指数从在2000年3月10日触顶后回调，2001年9月21日跌至1423点，跌幅达72%。巴菲特的伯克希尔哈撒韦股票2000年上涨26.6%，同期标普指数下跌9.1%；2001年伯克希尔哈撒韦股票上涨6.5%，同期标普指数下跌11.9%。巴菲特又一次笑到了最后。

所以，在一个较短的投资期限内，市场不能保证刚好处于有效的状态，但从较长的投资期限看，市场总有回归有效的时候，低估的股价会回归真正的价值水平，财务丑闻终会曝光，泡沫也终会破灭。

投资还是投机？

何谓投资？何谓投机？格雷厄姆在1934年的《证券分析》中定义了两者之间的差别：“投资业务是以深入分析为基础，确保本金的安全，并获得适当的回报；不满足这些要求的业务就是投机。”“投资者与投机者真正的区别，在于他们对股市运行的态度。投机者的兴趣主要从市场波动中谋取利润，投资者的兴趣主要在以合理的价格买进并持有适当的股票。”

《聪明的投资者》的点评人贾森·茨威格形象地说：对于投机者而言，连续不断的报价好比是氧气，“切断它就会出人命”，而投资者，只有在下列情况下才进行投资：即使不知道股票每日的价格，你对所持有的股票也是放心的。①

按照格雷厄姆的定义，投机区别于投资的一个主要特点是投资期限短，在预期的投机机会（或是事件驱动，或是股价趋势驱动）实现后，投机者需要立刻卖出结束投机行为，即使预期的投机机会没有实现，也需要结束投机行为，转而寻找下一个投机机会。

优秀的投机者经常能在很短的时间内改变自己的观点和交易策略。塔勒布在《随机漫步的傻瓜》中讲过一个关于"索路斯"的投机故事：法国花花公子交易员让·曼努埃尔·罗赞在自传中写了一件事（为了避免引起诉讼，以小说体写成）：主人公一度与"杰奥尔基·索路斯"，一个"有滑稽口音的老头子"，在长岛上打网球，有时会谈起市场的话题。他起初并不知道这位索路斯是什么来头。有一个周末，索路斯在谈话中显示出他对市场十分看熊，并提出了一连串复杂的论点来说明，而我们的叙述者理解不了，但很明显他在做空。几天以后，市场猛烈反弹，创下了历史纪录。主人公担心索路斯，就在下一次网球场相遇的时候问他是否蒙受了损失。"我们大赚了一把"，索路斯说，"我改变了主意，我们捞了回来，并且顺着行情走了一大段。"②

---

① 本杰明·格雷厄姆著，王中华、黄一义译，《聪明的投资者（第4版）》，人民邮电出版社，2010年8月出版，第26—27页。

② 纳西姆·尼古拉斯·塔勒布著，盛逢时译，《随机漫步的傻瓜》，中信出版集团，2012年7月出版，第190页。

霍华德·马克斯在其2022年的投资备忘录里提到，当人们发现我从事投资业务时，他们经常问（尤其是在欧洲）：“你在交易什么？”这个问题让我挺生气。对我来说，“交易”意味着基于对未来一个小时、一天、一个月或一个季度的价格走势的猜测，将个人资产在整个市场中反复横跳。我们在橡树资本没有参与这样的活动，而且很少有人证明有能力做好这项工作。我们认为自己不是交易者，而是投资者。在我看来，投资意味着根据对资产潜力的合理估计，将资本投入资产并从长期结果中受益。

真正的投资，或价值投资，往往和长期投资结合在一起，依靠时间和复利的力量，实现长期收益。价值投资者一般都是耐心的长期投资者。巴菲特说：“对于我们持有的股票，芒格和我喜欢让它们以自己的运营结果说话，而我们不需要每天甚至每年的市场报价来告诉我们投资是否成功。在一段时期里，市场或许会忽视企业本身的价值，但最终会反映其真实价值。”①

投机不仅投资期限短，还往往和杠杆、卖空、高频交易、套利等结合在一起。而价值投资的唯一利器就是时间，买入并持有，依靠企业的每年盈利积累企业内在价值获利，相对忽视短期的价格波动。作为价值投资者而言，即使企业的股价有一定程度高估，也不意味着一定需要卖出来实现盈利。因为，一方面，寻找到一个优质的价值股并不容易，当你持有的股票高估时，市场可能整体都处于

① 1987年巴菲特致股东的信。

高估的位置，你退出的资金也很难找到更好的投资机会。另一方面，频繁择时，或根据宏观经济、市场短期涨跌来决定买卖股票，很容易错失优秀股票的合适买入时机。

一些偏爱深度价值投资者认为成长股投资也含有投机的成分。成长股的一般特点是：当前盈利少，静态估值高；未来盈利预期高，但充满不确定性；市值偏中小盘，股价波动大。成长股的大部分价值取决于企业未来能否实现预期的高速增长，但是时间越长，估值越难。增长率预期越高，低于预期的概率也越大。所以，投资并长期持有成长股是一项充满挑战和风险的工作。相比于传统价值投资，成长股投资的失败概率较高，平均持股时间一般也较短，但一旦幸运捕获一只成长牛股，长期持有获得的投资回报也是巨大的。

第三章

股市崇拜

股市崇拜：长期制胜

长期看，股票投资的收益率高于其他资产类别。巴顿·比格斯把这种股票收益率长期胜出的现象叫作“股市崇拜”。比格斯说：“历史证明，对股市的崇拜是有道理的，如果你能够在市场暴跌中大难不死，股市终将为你带来真正的回报。”[①]

美国学者杰里米·J.西格尔在其著作《股市长线法宝》(第四版)中统计了1802年到2012年超长投资期限的各类资产年复合收益率和通货膨胀率。数据表明，在过去的接近200年时间里，股票年复

① 巴顿·比格斯著，崔传刚译，《癫狂与恐慌：巴顿·比格斯论金融、经济与股市》，中信出版集团，2016年出版，第25页。

合收益率远高于其他资产。1802年将1美元投资于一个按市值加权的投资组合中，并且将股息再投资。这一投资组合到2012年底的价值将增长至1350万美元，年复合收益率达到8.1%。同样1美元分别投资长期国债、短期国债和黄金，2012年价值分别为3.3922万美元、5379美元和86.4美元，复合收益率分别为5.1%、4.25%、2.1%[①]。1929年股市的大崩盘，2008年金融危机等股市的巨大回撤对股票指数总体收益率也没产生多大影响。总之，美国股票的收益率在接近200年的投资长河中完胜其他资产。

如果西格尔在未来更新第五版的话，考虑到美国股市这轮2013年开始的历史级别的大牛市，西格尔会发现，时间拉长到2021年，近210年的美国股票的年复合收益率还会高些（这里没有刻意选取一个奇特的起止点，只是选了最近年度的数据而已）。

2008年金融危机后，道琼斯指数到2012年完全收复了2008年的跌幅。从2013年开始，道琼斯指数从12 900点涨到了2021年底的36 500点，年复合收益率达到了12.2%。即使你从2008年金融危机前的指数最高点14 198点开始买入道琼斯指数成分股，持有到2021年底，年复合收益率也达到了7%。

纳斯达克市场恢复2000年科技股泡沫破灭时跌幅的时间稍长，直到2015年，纳斯达克综合指数才突破了2000年时的高点，2021

---

① 杰里米·J. 西格尔著，马海涌、王凡一、魏光蕊译，《股市长线法宝》，机械工业出版社，2018年8月出版，第78—79页。

年底纳斯达克综合指数涨到15 800点。2012—2021年，纳斯达克综合指数年复合收益率为20.5%。即使从1999年底算起，纳斯达克指数年复合收益率也有6.4%。这意味着，即使在科技股泡沫顶点时买入纳斯达克指数成分股，一直持有22年，在经历了最高达80%的跌幅后，又全程经历2008年金融危机，年复合收益率也超过了其他资产的收益率。

西格尔做的美国股票总体收益率研究仅是一个模拟，并不代表美国股市或者个人投资组合的实际价值增长。西格尔认为，真实股票财富的增长速度要明显低于股票总体收益率的增长速度。原因在于，投资者将股票支付的股息大部分都消耗掉了，没有将这些股息再投资，公司也就不能用其再创造资本。

加入股息再投资的总体收益率口径是一种科学公平的计算方式，但几乎没有人在长期的财富积累过程中从不消耗其所获收益。当投资者为退休准备而使用养老金计划积累资金，他们持有资产的时间最长，并且不动用本金及股息、利息。但即使这些人将全部资产留给下一代，这些积累的资产也可能被下一代挥霍掉。西格尔说，通过数代人的节制，股票市场有将1美元转化为上百万美元的魔力，但几乎没人能耐得住长期投资的寂寞[①]。

西格尔计算或应用的股票长期收益率数据是税前的数据，而大

① 杰里米·J.西格尔著，马海涌、王凡一、魏光蕊译，《股市长线法宝》，机械工业出版社，2018年8月出版，第79页。

部分债券的利息收益是免税的。考虑到资本利得和股息税后，股票的收益率是否还能战胜债券呢？

巴菲特做过相关的研究。巴菲特1977年在《财富》杂志发表了一篇文章，分析了道琼斯30种工业平均指数成分股和《财富》500强企业在第二次世界大战后的企业净资产收益率情况。文章认为，美国企业净资产收益率有回归在12%左右的趋势。假设12%收益率中5%部分以现金股息派发，50%的股息税和30%的资本利得税，得到的税后股票综合回报率为7.4%①，这个数据也依然高于债券和黄金的收益率。这里，假设每年买卖一次，并缴纳资本利得税。实际情况是，像巴菲特这样的长期投资者，其平均持有期限远长于1年，资本利得税对巴菲特这样的超长期投资者影响不大。

美国股票投资的收益率长期胜出好像能找出合理的原因，毕竟美国建国200多年来经济一直蒸蒸日上，19世纪末就成为全球经济实力第一，“二战”后更是成为全球创新发源地和唯一的超级经济体。为了避免幸存者偏差问题，西格尔在其另一本著作《投资者的未来》中做了补充，发现即使放在全球范围内，股市依然在长期内胜出，拥有不俗的收益率。

西格尔引用了伦敦商学院教授埃尔罗伊·迪姆松、保罗·马什和伦敦股票价格数据库公司董事迈克尔·斯汤顿的研究成果——《乐

① 卡萝尔·卢米斯编，张敏译，《跳着踢踏舞去上班》，北京联合出版公司，2017年出版，第22页。

观者的胜利：101年全球投资收益》。这本书较为严谨地对16个国家金融市场从1900—2003年扣除通货膨胀后的实际收益率进行了估计[①]。

迪姆松等的研究发现，尽管战争、恶性通货膨胀和大萧条等灾难光顾了这些国家中的大多数，但是，16个国家在上个百年中都提供了绝对值为正的扣除通货膨胀因素后的股票收益率，并且都超越了债券和票据的收益率。各个国家股票的实际收益率从比利时较低的1.9%到瑞典和澳大利亚较高的7.5%不等。研究表明，美国股票收益率尽管非常高，但也并非例外，美国只是稍微超越了世界股票的平均实际收益率。在上一个百年中，美国股票收益率不如瑞典、澳大利亚和南非。

迪姆松等得出结论："即使美国和英国取得了好的业绩……也并没有迹象表明它们把其他国家甩到了后面……成功性和存活偏差是合理的，但是在某种程度上被夸大了，并且投资者或许并没有被集中在美国的研究所误导。"

西格尔认为，虽然理论界对美国股票市场的研究超过了世界上的任何一个国家，但迪姆松等的研究说明：在美国股票市场发现的结果与所有国家的所有投资者有关。美国股票在过去两个世纪里优异的业绩不是特例。对于每个被研究的国家，其股票业绩都以压

① 杰里米·J. 西格尔著，李月平等，《投资者的未来》，机械工业出版社，2018年出版，第185页。

倒性的优势超过了固定收益资产。国际性的研究加强而非削弱了股票的这个属性[①]。

股市的短期波动非常剧烈，有时甚至数年下来收益率都为负数，如果持有期限恰好在这个周期内，对投资者的影响很大。但只要坚持长期投资，股票市场的波动与股票收益率的长期、整体向上趋势相比，这些波动都显得微不足道，其收益率将远超债券和其他资产。从全球范围看，无论是1930年代大萧条，还是两次世界大战和其他局部战争的爆发，都不能减弱股票作为长期投资工具的优势。

巴菲特一次在接受记者采访时说："在1942年4月，我11岁时买入第一只股票，就在珍珠港遇日本人袭击战争爆发后的三四个月，当时眼看美国人要输掉那场战争。美国的状况很少有比那时还糟糕的时候了。但美国道琼斯指数只是恐慌性下跌了一段时间，而后便开启了底部反弹，演绎了多年的战后牛市。"[②]

在2014年克里米亚公投独立导致的乌克兰危机期间，"股神"巴菲特曾警告说，在战争爆发时不要抛售股票去囤积现金、购买黄金或比特币，因为他相信，投资企业才是积累财富的最佳方式。在2014年3月的一次采访中，巴菲特表示，哪怕俄罗斯对乌克兰开战也不会促使他出售任何股票（2022年2月俄乌军事冲突后，巴菲特

---

① 杰里米·J.西格尔著，李月平等，《投资者的未来》，机械工业出版社，2018年出版，第186页。

② 根据巴菲特一次接受采访的视频翻译，巴菲特在1994年股东大会上和其他多个场合都讲过他11岁时，在美国"二战"最困难的1942年第一次买股票的故事。

在市场下跌中反而加大了购买力度，是股票市场的持续净买入者）。

巴菲特还说，即使这场危机（2014年）升级为另一场冷战或第三次世界大战，他也不会套现。他说："有一件事你可以肯定的是，如果我们卷入一场非常重大的战争，货币的价值就会下降。""美国企业将会更值钱。美元会贬值，所以钱买不到那么多东西。"他补充说："但在未来50年里，拥有生产性资产将比拥有一张纸（现金）要好得多，否则我还不如去买比特币。"巴菲特强调，美国股市在"二战"期间上涨，并一直在走高。

研究表明，就股票投资本身，长期持有也比短期持有赚钱概率更高。《巴菲特之道》作者罗伯特·哈格斯特朗计算了1970—2012年，为期1年、3年、5年的回报情况。在这43年中，以1年为期计，标普500指数中的成分股公司平均有1.8%的公司股价翻番，或者说，500家公司中有9家翻番；以3年计，有15.3%的公司，或77家股价翻番；以5年计，有29.9%，或150家公司股价翻番。

罗伯特·哈格斯特朗认为，这证明了在长期对冲策略的投资行为中，通过买入并持有股票的策略，能获得更大的回报，或者获得高回报的概率更高，除非你认为每5年翻一番实在是太过平凡了（5年涨100%相当于14.9%的年复利回报率）。

哈格斯特朗的研究显示，获取超额收益的机会通常出现在持股三年之后。毫无疑问，由于换手率超过100%，绝大多数人肯定与此无缘。如此多的人参与短期投机，胜出的难度在增加，而回报在减少，这就将稀有的、超额回报的机会留给了长期投资者[①]。

我国证券市场的实证数据也证明了，投资周期越长，获得平均收益越高，且胜率越大。天风证券研究所策略团队曾做过从2005—2020年10月31日区间不同投资周期对应的投资收益的统计（见表2）[②]，统计表明，随着投资期限的增加，基金指数的平均收益率和获得正收益的概率都在逐渐提升。当你持有偏股混合型基金期超过8年，几乎百分之百可以获得较高的正收益。

股市长期制胜具有扎实的统计数据支持，但在具体投资期限内的收益分布非常不均衡。股票价格会受到盈利、利率、政治甚至战争风险等不确定性因素的影响，还受到人类心理因素，如乐观和悲观，恐惧和贪婪的影响。所以，股市可能持续数年上涨，也可能持续数年收益率为负。

西格尔在《股市长线法宝》中统计，1982—1999年，美国上一个大牛市期间，经通货膨胀调整后的股票收益率高达13.6%，超过历史平均值的1倍。但在这之前的1966—1981年的16年里，股票收益率非常惨淡，实际年均收益率为-0.4%，意味着这段时间如果投资股市，其实际购买力年均下降0.4%。另外一段美国股市难熬的时间是2000年互联网泡沫破灭后，接着2008年爆发金融危机，从2000年到2012年的13年里，美国股市整体的实际收益率只有0.3%。

---

① 罗伯特·哈格斯特朗著，杨天南译，《巴菲特之道》，机械工业出版社，2018年出版，第230—234页。

② 数据来源于天风证券策略公众号，天风证券策略团队，2010年11月。

表2　2005—2020年10月31日区间不同投资周期对应的投资收益的统计

	平均收益率				获得正收益的概率			
	上证综指	沪深300	普通股票型基金指数	偏股混合型基金指数	上证综指	沪深300	普通股票型基金指数	偏股混合型基金指数
持有1个月	0.82%	1.18%	1.65%	1.50%	54.60%	55.91%	61.06%	60.64%
持有2个月	1.72%	2.47%	3.37%	3.06%	51.84%	54.23%	59.49%	59.25%
持有3个月	2.76%	3.93%	5.22%	4.73%	51.32%	54.73%	60.33%	59.88%
持有6个月	6.48%	9.19%	11.14%	10.04%	54.56%	56.66%	63.61%	63.20%
持有1年	15.41%	21.66%	24.92%	22.27%	52.91%	56.91%	72.19%	72.38%
持有2年	28.37%	41.70%	50.95%	44.78%	44.50%	54.13%	73.05%	71.75%
持有3年	21.37%	36.97%	58.01%	50.33%	50.70%	64.59%	75.94%	74.60%
持有4年	22.62%	41.12%	72.77%	62.43%	59.29%	68.16%	86.45%	85.31%
持有5年	26.09%	47.17%	91.84%	78.74%	65.65%	71.24%	89.08%	89.19%
持有6年	28.81%	51.76%	107.05%	91.93%	79.38%	80.80%	92.14%	91.81%
持有7年	25.77%	48.73%	117.57%	100.57%	80.52%	81.63%	93.72%	93.58%
持有8年	25.18%	51.17%	141.26%	119.43%	79.34%	85.20%	100%	99.79%
持有9年	35.08%	66.66%	175.65%	147.73%	67.85%	76.57%	100%	100%
持有10年	53.11%	94.86%	237.70%	197.33%	69.09%	84.44%	100%	100%

统计区间：2005—2020年10月31日

所以，虽然整体看，股市长期制胜的证据如此明显，但结合个体的生命投资周期，对于个体投资者而言，在具体的某段投资期限内，股票投资是不是最佳选择就变得复杂而有挑战性了。

“雪球”上有段怼《股市长线法宝》作者西格尔的文字很有意思，摘抄如下[①]：

《股市长线法宝》的作者西格尔不会告诉你的事

《股市长线法宝》的作者西格尔只会告诉你，这一百年间，投资股票的收益率是高于债券的。但他不会告诉你，或他忘了告诉你：

投资股票其收益率，不是每年、每10年、每20年、每30年，肯定都会高于债券的。

1.格雷厄姆告诉我们“自1929—1932年股市崩盘以来，通用电气的股票（以及道琼斯工业指数）费时25年才收复失地”。

2.假如一个日本人在20年前日本经济最好的时候把钱都买了日本股票为养老，那么20年来不管他是定期定投或使用任何策略，到今天他不仅没有解套，还已经损失了60%的本金；假如一个美国人30年前参加了美国政府的401K计划，用这个计

① 出自雪球专栏“淡忘的岁月”，《〈股市长线法宝〉的作者西格尔不会告诉你的事》，2019年5月11日。

划的全部钱去买美国的股票，那么2008年后即将退休的时候，他必须推迟退休，考虑再多工作10年，因为经济危机中股票已经大幅缩水。

3.伦敦商学院的Elroy Dimson、Paul Marsh和Mike Staunton是公认的全球投资回报专家，他们汇总了22个国家一个多世纪以来的数据。截至2013年2月，美国股票的实际回报为负的最长时间是16年。英国为22年，日本为51年，德国为55年，法国为66年。这比大多数投资者可以耐心等待的时间要长得多。

你现在还能那么自信，投资股票其收益率，在你能够投资的这10年，或20年，或30年间，都呈现股票的收益率都高于债券的收益率？

这就是许多人思考问题没有深入下去，只是记住了西格尔的一句话，就认定股票是好东西。

你现在应该知道，多动动脑子，多角度思考问题，为什么他说100年股票收益率高于债券，却不进一步说，你能够投资的生命周期内（比如20年，或30年，或50年）股票的收益率也肯定会高于债券的？他为什么不说这后一句话？

你能做投资的生命周期满打满算，50年了不起了吧。如果这50年恰恰是股票的收益率低于债券的收益率，你作何感想？

人生只能赌一次，没有时间给你重新来过！

股市长期制胜的理论基础

股市长期制胜不仅有西格尔等人的实证数据支持，也具有内在理论基础。

彼得·伯恩斯坦认为，只要资本主义体系不倒，股票的长期风险溢价就将保持稳定。在资本主义体系中，债券的长期表现不能也不应该超过股票。债券是在法律上可以强制执行的合同，而股票没有向投资者承诺任何事情。所以，股票是一种高风险投资，它要求投资者对未来充满信心。因此，股票并不是天生"优于"债券，但我们会对股票要求更高的收益率，以补偿其承担的高风险。如果债券的长期预期收益率高于股票的长期预期收益率，那么这种资产定价方式会使投资者无法获得风险收益，而这种情况是不可持续的。因此，股票必然是"那些追求长期稳定收益的投资者的最佳投资方式"，否则我们的经济体系会瞬间终结，而且垮得无声无息[①]。

按照马克思《资本论》的理论，随着资本主义的发展，资本分为职能资本和借贷资本，工人创造的剩余价值由借贷资本和职能资本瓜分，职能资本的分配顺序在最后，承担了企业亏损的风险。因此，如果借贷资本长期的利息收入高于和等于职能资本的收益率，

① 杰里米·J.西格尔著，马海涌、王凡一、魏光蕊译,《股市长线法宝》，机械工业出版社，2018年8月出版，序言部分。

职能资本也将转为借贷资本，从而降低借贷资本的利息水平，最后的结果是，同等的职能资本分配到的剩余价值比例要高于借贷资本。

财务杠杆是现代金融理论的一个核心概念，也是对马克思借贷资本和职能资本理论在财务会计上的描述。资产收益率分为总资产收益率（ROA）和净资产收益率（ROE），只有当利息水平低于总资产收益率水平时，借贷或者利用财务杠杆才有意义，在利息分配后的ROE才能高于ROA。长期、正常经营的企业，权益收益率或者ROE必然会要求高于利息水平，否则合理的选择就是不借贷，或者降低财务杠杆率。

A股不赚钱？

我国股票市场长期收益率的数据也证明了股市长期制胜的规律。新中国股票市场的成立时间不长，从1990年12月19日上交所成立起到2021年刚好31年，但其间市场跌宕起伏，振幅很大。如果从成立起点算起，我国股票市场的复合收益率水平其实相当可观。根据WIND统计，1990—2021年上证综合指数加上股息复权后的年复合收益率达到12.4%，31年间上涨36倍（见图3）。2005—2021年，沪深300指数加上股息复权后的年复合收益率为10.5%（沪深300指数在2005年发布），17年上涨了5倍（见图4）。股市的长期复合收益率和我国名义GDP增长速度大致相当。虽然中间股市波动很大，但拉长投资期限看，如果从一开始就按指数成

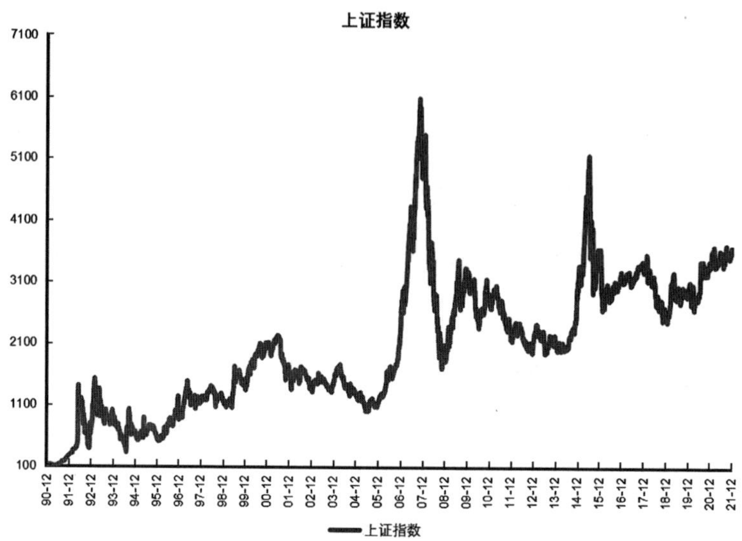

图3　上证指数成立后涨幅（1990.12.19—2021.12.31）

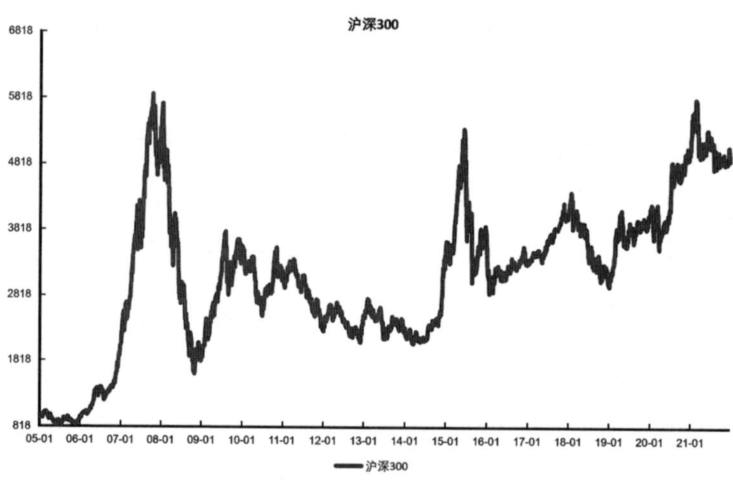

图4　沪深300指数涨幅（2005.1.4—2021.12.31）

分股组合投资我国股市，投资者能充分享受到我国最近30年来经济快速发展的成果。

为什么在A股市场，大家提到股票投资总是异口同声说股市风险太大，容易亏钱呢？这是因为，我国股市发展时间还较短，虽然整体是上涨，但股价波动剧烈，经常是快牛慢熊，在快速上涨后就是漫漫的长期下跌。成立时间最长的上证指数在31年内跌幅接近或超过50%的次数达到6次，其中3次超过70%，最大跌幅达79%（1993年2月16日—1994年7月29日）。很多在牛市中进入股市的投资者，大部分因为熬不住熊市的大幅下跌而亏损出局。

在1991—2021年的31年间，我国股票市场经历了两次较大的牛市，指数分别在2007年和2015年达到高点。直到现在，上证指数也没有突破2007年的高点，沪深300指数也是到了2021年才创新高，2022年又跌落下来。如果你不幸从2007年高点开始按上证指数成分股投资股市，年复合收益率是负的。所以，如果不能获取个股投资的超额收益，指数投资等被动投资在中国非常难熬，需要特别长的投资期限才能获得合理的收益率。

造成A股市场买股票不赚钱印象的另一个原因是指数选择问题。有细心的投资者发现一个有趣的现象：上证指数从2009年10月16日收盘的2976点算起，到2019年10月16日收盘2977点，上证指数在10年间只涨了1个点，为何上证指数10年没涨？海通证券做过相关研究，认为上证指数10年没涨跟上证指数编制有关。上证指数10年不涨，但同期其他指数涨幅明显。10年间，沪深

300指数累计涨幅21%，中证100涨30.7%，中小板指数涨30.7%，中证1000涨48.3%，万得全A累计涨57%。

上证指数是我国发布最早的市场综合指数，经常被用来代表股市大盘。但实际上随着中国经济结构的变化，代表大多数经济增长和就业的优质中小规模企业迅速成为中国经济的中坚力量，上证指数已经不能很好地代表A股市场的整体表现。上证指数成分股中只包含了上交所上市的企业，而过去10年中国经济处于转型期，大量代表转型的新兴行业公司在深交所上市，这部分企业在过去10年中涨幅较大，而其上涨未在上证指数中得到体现。

从行业结构来看，上证指数中传统产业权重过高。如金融地产、食品饮料、石油石化、交运等传统行业在上证综指成分股中市值占比达63%，而这些行业在全体A股中占比仅44.6%。而新兴产业在上证综指中权重较低，如医药占比4.4%（医药在万得全A中权重7.6%，下同）、电子元器件1.8%（6.1%）、计算机1.5%（3.9%）等。

海通证券的研究还发现，拉长时间来看，全球股指年复合涨幅与GDP名义年复合增速表现出高度相关，经济增速越高的国家，股市表现越强劲。长期看，盈利是股价上涨的核心驱动力。如1929年以来，标普500指数年复合涨幅为5.3%，EPS为5.2%，PE为0.1%，盈利是美股长期上涨的主要推动力。A股也类似，1991年到2018年，上证指数年复合涨幅为11.6%，EPS为22.9%，PE为-9.2%。[①]

① 海通策略公众号“股市荀策”，海通策略团队，2019年10月20日。

事实上，2005年股改之后，中国A股市场实际上是长期的结构性牛市，虽然市场指数涨幅不高，但如果投资股票型基金，复合收益率非常可观。根据WIND统计，从股改后的2006年1月1日到2021年12月31日，16年里，普通股票型基金指数上涨1410.29%，年复合收益率19.06%。偏股混合型基金指数上涨了1121.87%，年复合收益率16.31%。

长期主义

密歇根大学商学院教授H. Nejat Seyhun发表过一篇论文，他统计了从1926年到2004年这79年的美股回报，年复合收益可以达到10.04%。1926年投资1美元到美国股市，到了2004年，将变成惊人的1920美元。但如果剔除这累计948个月中表现回报最好的12个月，年复合回报就下降到了7.01%，总收益一下子变成原来的十分之一，仅为197美元。而如果扩大范围，剔除了表现最好的48个月（5%的总交易时间），投资股市的回报比同时段投资美国国债的表现都低，1美元仅变成了7.46美元。可以说美国股市中，这5%的交易时间贡献了绝大部分的收益，剩余95%的时间都是平淡无奇的[①]。

2019年4月11日，The Motley Fool引用摩根大通2019年退

① 转引自第一财经公众号，《如何度过市场这段乏味的时光？》，2022年03月24日。

休指南的数据显示，在1999年至2018年的20年期间，标准普尔500指数的年回报率是5.6%，但如果你错过了其中10个最佳交易日（或大约0.4%的交易日），你的回报率只有2.0%。[①]

事实证明，要获得长期优秀的资本市场投资回报率，全程参与投资，特别是在占绝大多数的平淡日子中坚持，是必不可少的。就像张磊所说，坚持走在价值投资的道路上，就要保证“当幸福来敲门时，你要在家”。如果陷于意气之争，不断去和市场较劲寻求短期博弈，就放弃了去看5年、10年的机会。等待在投资中是一项极具挑战又极有价值的事情，有时候需要等待1年，有时候需要等待10年。[②]

列夫·托尔斯泰说：“天下勇士中，最为强大者莫过于两个——时间和耐心。”托尔斯泰是从军事角度说的这句话，但这个描述放在投资方面同样具有巨大的价值。罗伯特·哈格斯特朗说，时间和耐心，一个硬币的两面，也是巴菲特投资的精华。他的耐心所致的成功体现在伯克希尔哈撒韦旗下全资拥有的企业中，也体现在部分持股的企业中。在这个快节奏的世界里，巴菲特有意识地放慢节奏。一个置身其外的观察者，或许认为这种看似慵懒的态度，会放走容易赚的钱，但是真正欣赏这个过程的人却发现，巴菲特和伯克希尔哈撒韦正是用这种态度积累了巨额财富。投资者普遍缺乏耐心，而

① 霍华德·马克斯2022年1月份投资备忘录，2022年1月。

② 张磊著，《价值》，浙江教育出版社，2020年9月出版，第175页。

巴菲特却为此而生，他说：“时光的最佳之处在于其长度。”[①]

哈格斯特朗描述了一根投资的时间轴，从左到右，观察到发生在每秒、分、小时、天、星期、月份、年度、十年的那些投资决策。尽管没有明确的划分，但基本上人们都会同意，越是在时间坐标线上靠左，越是投机；越是靠右，越被认为是投资。巴菲特这样的长期、价值投资者们悠闲安静地坐在这根时间轴的右侧，保持着长期的耐心[②]。

2020年，因为新冠疫情和油价崩盘，美国股票市场出现大幅下跌。巴菲特2020年3月11日接受雅虎财经采访时说，新冠疫情和油价崩盘冲击没有2008年金融危机或1987年10月的股市崩盘那么严重。“如果你坚持足够长的时间，你会看到市场上的一切。”“我可能已经89岁（2020年）了，才有了这些经历。但是市场，如果你必须一秒一秒地看，他们对新闻的反应很大。”

邓普顿集团的创始人约翰·邓普顿爵士忠告投资者：“要有耐心，做长期投资者，无论在财务上还是心理上，要做好经历多轮牛熊的准备。长期来看，普通股的回报非常丰厚，下个牛市的股价会远高于现在的牛市价格。因为国家在飞速发展，未来十年国民生产总值会翻倍，40年后，国民生产总值是现在的64倍，这会反映到

---

① 罗伯特·哈格斯特朗著，杨天南译，《巴菲特之道》，机械工业出版社，2018年出版，第242页。

② 罗伯特·哈格斯特朗著，杨天南译，《巴菲特之道》，机械工业出版社，2018年出版，第230页。

企业的销售、利润和股价中。所以从长期投资的角度来看，你需要考虑的是什么时候开始投资股票，我们不能说清楚什么时间，但某个时候牛市会再来，而那时你最好已经投资了。"[①]

指数基金教父约翰·博格告诫投资者："要做一个长期投资者，短期博弈不是好的方法，如果你根据市场情绪行动你就会犯下大错误。我总是把钱投到股票市场上，并一直保持在市场里，不要被市场波动影响，即使是50%的回撤也不要让市场波动影响你的决策。永远，永远，永远不要在市场上做短期的频繁交易，始终保持仓位。指数基金总是最好的选择，不要因为恐惧离场，并想着回来抄底，其实你已经被你自己的情绪打败了。"[②]

对于拥有出色选股能力的价值投资者，"买入并持有"是长期投资的主要策略。在巴菲特2021年致股东的信中，我们看到巴菲特"买入并持有"投资策略一如既往："四巨头"的保险板块，能源板块，运输板块和苹果公司股票的投资比例占到了整体资产的70%以上。在长期投资法则下，第一大重仓股苹果已实现5年4倍的收益；第四大重仓股可口可乐实现了17倍的收益，持股时间超过34年；港股比亚迪14年间实现30多倍收益。2021年底，伯克希尔哈撒韦账上保留有1300亿美元的现金，由于伯克希尔哈撒韦主要资产由全资拥有并长期经营的保险、铁路运输和能源等资产

---

① 根据约翰·邓普顿接受采访时的影像资料翻译。

② 根据约翰·博格电视台讲话时的影像资料翻译。

构成，所以，加上苹果公司股票等二级市场上的股票投资，公司资产的整体仓位其实一直在八成以上。

“买入并持有”看起来简单但并不意味着容易。市场狂热时，大多数人看不上“买入并持有”策略，在市场恐慌时，大多数人没有勇气“买入并持有”，如果“买入并持有”错误的股票，那更是一败涂地。大部分人容易被近期或当下发生的事情影响，只有具有长期投资视角的投资者才具有“买入并持有”的淡定。

为什么伟大的长期投资者喜欢“买入并持有”的策略呢？

首先是发现伟大公司很困难。巴菲特曾说过：“芒格和我终其一生也只能鉴别发现为数不多的‘注定如此成功’的伟大公司，我们无法搞出一个‘漂亮50’或‘闪亮20’的名单，我们只能标出几个‘极高可能性’的公司。”[①] 芒格说：“我们偏向于把大量的钱投放在我们不用再另外作决策的地方……如果你能购买几个伟大的公司，那么你就可以安心坐下来。”[②]

其次是时间的复利效应。张磊在《价值》中说：“许多人想赚取快钱，希望能够快进快出，但这种打法恰恰忽视了复利的价值。当一家一流的企业源源不断地创造价值，并被投资人选中时，复利就是时间赠予这笔投资最好的礼物。这意味着，伴随着时间的拉长，

① 沃伦·E.巴菲特著，劳伦斯·A.坎宁安编，杨天南译，《巴菲特致股东的信》，机械工业出版社，2018年3月出版，第165页。

② 彼得·考夫曼编，李继宏译，《穷查理宝典》，中信出版集团，2016年7月出版，第101页。

复利效应会越发明显。”[①]

最后是长线资金。长期的投资者能采取“买入并持有”策略，一方面是因为他们有着优秀的估值和选股能力，另一方面也是因为他们拥有着投资期限长的长线资金。巴菲特在1969年关闭了其运作多年，复合收益率很高的合伙型基金，主要原因是他找到了一个解决合伙人资金短期进出影响投资决策的方法。巴菲特在1965年收购了上市公司伯克希尔哈撒韦，并逐渐以伯克希尔哈撒韦为平台进行资金的配置和投资，这样，原来的资金合伙人变成伯克希尔哈撒韦股票的持有人，如果要撤资，投资者可以通过卖出股票实现，不会影响到巴菲特的投资运作。巴菲特曾在公司股东大会上承认，伯克希尔哈撒韦如此高价的股票对投资者来说可能“尴尬且不利”，但他表示，进入壁垒是故意设置的。他表示：“我们希望尽可能吸引那些以投资为导向而且有长远眼光的股东。如果伯克希尔哈撒韦拆分股票并降低价格，我们将不再拥有目标一致的股东。”[②] 2022年初，伯克希尔哈撒韦A类股交易价格曾一度超过50万美元。

“做时间的朋友”，当幸福来敲门时，你要在家，“买入并持有”等长期投资的理念已经升华为投资的“长期主义”。“长期主义”如此流行，甚至超出了投资本身，在其他领域也被无数人追捧，奉为

---

① 张磊著，《价值》，浙江教育出版社，2020年9月出版，第116页。

② 1995年巴菲特在伯克希尔哈撒韦股东大会上的发言。

做人做事的标准。张磊在《价值》自序中全面阐述了其理解的长期主义。张磊认为，“长期主义”就是把时间和信念投入能够产生长期价值的事情中，这是一条越走越不孤独的道路。于个人而言，“长期主义”是一种清醒，帮助人们建立理性的认知框架，不受短期诱惑和繁杂噪声的影响。于企业和企业家而言，“长期主义”是一种格局，帮助企业拒绝狭隘的零和游戏，在不断创新、不断创造价值的历程中，重塑企业的动态护城河。于社会而言，“长期主义”是一种热忱，意味着无数力量汇聚到支撑人类长期发展的基础领域，形成一个生生不息、持续发展的正向循环①。

本书作者认为，每个人具体的理解不同，但不影响对“长期主义”主旨的认可。就投资而言，“长期主义”主要包括以下内涵：

第一，价值投资适合长期投资，通过长期持有能持续创造价值的公司，更容易实现资本的增值。

第二，净资产收益率（ROE）持续高于社会平均回报的优秀公司不容易找到，而且他们的股价低于内在价值的机会很少。所以，不管是凭本事还是凭运气，有机会以合理的价格投资优秀公司股票，请买入并长期持有。

第三，长期持有并不是机械地长期持有某个股票，当所投资股票的价格远高于内在价值，或者投资回报低于持有该股票的机会成本时，卖出该股票，等待或投资下一个投资机会也是长期投资。伟

---

① 张磊著，《价值》，浙江教育出版社，2020年9月出版，自序第2页。

大的投资者也不是一成不变地持股到底，他们时刻在比较所持股票的投资价值和其机会成本。不同的是，他们发现新的投资机会时，预期的投资期限是长期甚至是永远。

第四，长期投资需要长线资金，投资者需要根据自己的生命投资周期，尽可能早投资，拉长自己的投资期限。

第四章

没人愿意慢慢变富

贝索斯之问

一则广为流传的故事，亚马逊创始人杰夫·贝索斯曾经问巴菲特：“你的投资体系这么简单，为什么大家都不学你呢？”巴菲特回答：“因为人们不愿意慢慢变富。”贝索斯大概的意思就是，巴菲特的投资理念——长期价值投资——几十年不变，没有秘密可言，而且也被证明能成功，为什么大家不简单复制巴菲特的做法呢？

我们知道，长期投资是巴菲特成功投资的核心，实证数据也证明长期投资能带来丰厚的投资回报，但为什么信者众，行者寡呢？为什么大多数投资者，包括机构投资者，都要天天盯着股市K线图，苦苦寻觅一夜暴富的机会呢？一个简单的例证是，伯克希尔哈撒韦取得如此巨大的成功，但在华尔街上却找不到任何一家真正模仿它的公司。而且每当巴菲特的业绩不好时（一般都是市场严重高估时），总会有不少人怀疑巴菲特的投资理念过时了。

人是理性的动物，慢慢变富理论上很美。人又是贪婪的动物，如果能快速致富，最短的时间内达到财富自由，为什么要慢慢变富呢？长期很美好，但大部分投资者追求的是，在有限的投资期限内（1年，3年，最多5年）实现自己财富小目标的愿望。

所以，尽管股市长期制胜已经升华为“长期主义”，慢慢变富也演变为了“慢富理论”，大家都非常尊重和认可巴菲特的投资理念，但实际做法却往往与巴菲特完全相反。

说到底，没有人愿意慢慢变富。

“从长远看，我们都已经死了”

1999年7月，巴菲特在著名的太阳谷演讲中说道：“关于投资，只存在两个真正的问题：一是你想得到多少回报，二是你想什么时间得到回报。”

慢慢变富需要耐心和时间，坚持长期主义，做时间的朋友，暗含的假定是未来能获得丰厚的长期回报。

英国著名经济学家梅纳德·凯恩斯有句名言：“从长远看，我们都已经死了。”（In the long run，we are all dead.）

凯恩斯这句话出自他1923年出版的著作《货币改革论》，他在书中讨论了货币的数量理论，即一个国家的货币供给的变化会导致价格的相应变化。凯恩斯说："从长远看，这种关系（一个国家的货币供给的变化会导致价格的相应变化）也许是正确的。但是，长远是对当前事务错误的指导。从长远看，我们都已经死了。"凯恩斯认为，现在的幸福是我们的主要关切；在为了不一定的结果而牺牲许多人时要非常谨慎，不管那个结果看上去多么有利，我们永远都不能充分地知道是否值得冒险。凯恩斯认为，未来充满不确定性，并驳斥那些拥护紧缩政策的人，他们认为削减预算造成的短期痛苦，是为了长远的经济增长需要付出的代价。凯恩斯说，目前的痛苦是真实的，而将来会获得的好处只是想象。

我们撇开凯恩斯和"凯恩斯主义"在宏观经济学理论上的地位和争议不说，凯恩斯这句经典名言"从长远看，我们都已经死了"，在时间哲学、价值观，甚至性取向上曾引起了学者们的激烈争议。

> 经济学家约瑟夫·熊彼特在1946年凯恩斯逝世后说："凯恩斯没有孩子，他的人生哲学本质上是一种短期哲学。"
>
> 哈耶克1977年在接受采访时说："凯恩斯有句名言，'从长远看，我们都已经死了'，这说明他受制于当前政治上的可能。他停止思考长远来看什么是可欲的。因此我认为他不会产生什么长远的意见，他的思想属于现在已经过时的潮流。"
>
> 哈佛大学历史学教授尼尔·弗格森说："凯恩斯这位柔弱的经济学家是一个同性恋，而且没有孩子，因此他不太关心后辈的命运。没有孩子的凯恩斯信奉自利哲学。"

> 保罗·克鲁格曼则为凯恩斯辩护说："凯恩斯那句名言的意思是，如果经济学模型不能解释一两年内的情况，只能告诉你很久之后会是什么结果，这些模型就是不完备的、可疑的、没有用处的。它要求做出更好的分析，而不是忽视未来。"

从投资的角度看，凯恩斯的惊人之语精辟地解释了为什么人们不愿意慢慢变富，也很好地回答了下面的问题："长期主义"慢富理论"是不是适合所有的人？超长的投资期限/持有期限一定有意义吗？在临死前变富还有什么意义"？

事实证明，不是每个人都选择长期主义，选择慢慢变富，而且这种选择也是经过理性和深思熟虑的。有的人，即使知道因此会错失巨大财富增值机会，也不后悔。

巴菲特被视为长期主义的最伟大践行者之一，但其子女们似乎并没有继承这一优秀传统。当他的孩子们收到他们祖父的遗产时，并没有遵循巴菲特的建议继续投资伯克希尔哈撒韦股票，选择让财富慢慢增值，而是都立刻花掉，只是花掉的方式不同。

1960年，巴菲特最小的儿子彼得·巴菲特19岁，正在斯坦福大学上大二。他和他的哥哥霍华德、姐姐苏茜从祖父（由巴菲特转交）那里各自获得价值9万美元的遗产。这笔钱是出售祖父的一座农场的收益，后被巴菲特转成了伯克希尔哈撒韦的股份，并转交到3位儿女手里。这份遗产没有附加条件，可以用来做任何事情，父亲巴菲特也无权干预。彼得的哥哥姐姐接受这笔财富后很快就把股票变现并快速挥霍了其中的大部分。

目睹哥哥姐姐的挥霍行为，彼得觉得自己不应该这样做，但他也没有听从父亲的建议。巴菲特曾对彼得提供建议说："再过10年，这些钱至少能变成900万美元，30年之后，也许就是5000万美元。"

彼得大学二年级时发现自己对音乐很感兴趣，但需要资金来实现自己的音乐抱负，于是彼得很快卖掉了属于自己的伯克希尔哈撒韦股票，从斯坦福大学退学，用这笔钱成立了自己的音乐工作室，开始追逐自己的音乐梦。从20世纪80年代开始，彼得的音乐事业不断取得成功。他曾为美国印第安原住民纪录片《500国家》配乐，并因此获得艾美奖。MTV频道刚开播时令人惊艳的片头配乐来自他的编曲，奥斯卡最佳影片《与狼共舞》中"火舞"的配乐也来自他的手笔。他曾策划、编写和制作美国音乐剧《魂》，并在华盛顿国家广场盛大演出。彼得完全靠自己的力量走出了属于自己的音乐事业。

巴菲特的预测大致准确，50年后的2010年（当年彼得出版了自传《做你自己》），这笔9万美元的股票已经升值到7200万美元。彼得的哥哥姐姐选择让自己当下开心，痛快地消费了这笔未来的财富；而彼得选择了投资自己，加快了自己的音乐事业。虽然历经波折，但彼得选择将股票变卖，加速了其事业的需要，为追求音乐梦想打下经济基础。

回忆这笔"错失的巨大财富"时，彼得并没有后悔。他在自传

《做你自己》中说："从父亲那里得到的财产虽非巨额，但远远高于大部分开始新生活的年轻人。拥有这样一笔财富是一种特殊待遇，也是一份不劳而获的礼物。对此我心存感激，如果我一开始就面对必须自己谋生的压力，可能就无法继续沿着这条路（做自己的音乐创作）走下去。"他说："我很幸运自己有能力购买探索职业道路所需要的时间。事实证明，金钱是唯一真正可以替代的东西。你今天可以拥有，明天就可能失去，后天也可以再次拥有。但你不能复制一个人或一段经历，你甚至不能重新找回悄悄溜走的一个生活瞬间，浪费的时间也会一去不复返。因此，时间比金钱宝贵得多。"①

彼得虽然看似违背了他父亲在财务上的建议，但实际上遵循了巴菲特一直以来不被大众了解的观点——"投资自己是最好的投资"。

巴菲特说："投资自己是你能做的最棒的事情，提升自己的才华和技能，没人能把它从你身边夺走。可能需要投入金钱，钱是越来越不值钱，你的才能却在不断增加，你应该把你的才能最大化，你就有一笔了不起的资产。比如沟通技巧非常重要，我参加了戴尔·卡耐基演讲课程，我支付了100美元的学费，它值一个大学学位。"

巴菲特还认为"投入自己真正喜欢做的事情"比未来财富增值更为重要。"如果你现在有1块钱，以为将来有2块钱的时候，自己能比现在过得更幸福，你可能想错了。你应该找到自己真心喜欢做

---

① 彼得·巴菲特著，赵亚男译，《做你自己》，新世界出版社，2011年出版，第14页。

的事情，投入地去做。别以为赚10倍或20倍能解决生活中的所有问题，这样的想法很容易把你带到沟里去。”[①]

还有一个经常被拿来形容复利或者指数增长的威力的故事。说一个农民给地主打工，地主说：“我给你每个月一石米。”农民却说：“我有个大胆的想法，第一天你给我一粒米，第二天两粒，第三天四粒，第四天八粒……后面全部每天翻一倍。”

大家可以猜猜，结局是什么？结局就是地主输了个精光，农民拥有了地主的全部财产，这个例子有力地说明了时间和复利结合的力量。但实际上，答案不止一个。更高阶的答案是，农民最后饿死了。因为农民手里没有存粮，到第七天他也只有64颗米，前6天他总共只吃了63颗米，他没能熬过第七天。

农民以自身生命的代价说明了慢慢变富看似很简单，但并不是一件容易选择的事情。如果农民生命力惊人，活下去了，说明复利经过时间加持，慢慢变富一定能实现。如果他不幸没有撑下去，则告诉我们，寻求长期复利，慢慢变富的前提是你要手中有余粮，要不然就要牺牲当前的必需消费，甚至牺牲自己的生命。在当前的必需消费面前，慢慢变富显得没有那么重要了。

2019年，诺贝尔经济学奖得主阿比吉特·班纳吉和埃斯特·迪弗洛合著了《贫穷的本质》一书。书中讲述了一个现象，在肯尼亚，只有25%的农民每年使用化肥。大部分农民曾经使用过化肥，

---

① 巴菲特1998年在佛罗里达商学院的演讲。

也知道使用化肥能提高土地产出，甚至有可能让他们摆脱“贫困陷阱”。研究人员问农民，为什么他们后来没有使用化肥，大多数人都回答说，在耕种季节到来时，他们手头没有足够的钱买化肥。事实上，化肥可以少量分批购买，即使对于只有少量存款的农民来说，这似乎也是一个不难抓住的投资机会。研究人员发现，问题在于，在丰收至耕种期间，农民们甚至很难存下一点点钱。为家里存钱很难，因为他们总会有要用钱的问题出现（有人生病、有人需要买衣服、有客人需要招待），人们很难对这些问题说“不”。①

亚当·斯密在《国富论》中这样叙述：“如果一个人的全部财富仅能维持几天或几周的生活，他就不会选择投资，他会谨慎地消费这笔财富，并通过持续劳动满足自身需要。这时，其收入全都来源于他的劳动，各国的贫困者大都如此。若其全部财富足以维持数月或数年的生活，他便会将大部分财富用来投资以取得收入，仅保留小部分满足其取得投资收入之前的基本需求。”②

许知远在一次访谈中对雷军说：“自己年轻时有很多误会，认为钱是最不重要的一件事，放弃了很多机会。”雷军问：“如果你重新来过，还会放弃吗？”许知远说：“还是会放弃，幸亏放弃，给了我极大的自由。”雷军说：“那你和一个伟大的时代擦肩而过。”许知

① 阿比吉特·班纳吉、埃斯特·迪弗洛著，景芳译，《贫穷的本质》，中信出版集团，2018年9月出版，第215页。

② 亚当·斯密著，郭大力、王亚南译，《国富论-上》，上海三联书店，2009年3月出版，第209页。

远说："擦就擦吧。"

为了自己的远大抱负，追求梦想而放弃未来财富是一种个人的主动、积极的行为。大部分的普通人面临的现实情况是，在长达10年、20年甚至30年的投资期限里，会发生多少事情？学区房，教育培训，问医看病，赡养老人，事事都要花钱，而且都非常重要和紧迫，提取投资账户资金，往往是无奈之举。

换个角度看，可能更能理解延迟满足，慢慢变富并不是唯一选择。投资的终极目的是提升自己的未来消费能力，而不是为了投资而投资。一些只能在你年纪轻的时候消费：如恋爱，婚姻，下一代的教育，自己的技能培训等，本质上也是一种投资，是生活上的投资，也是金钱上的投资。如买房结婚能带来下一代，孩子无疑是将来能带来最大回报的"投资"；继续教育和技能投资能提升未来工资回报；孩子的教育支出更是刚需，比把钱去投资自己养老金账户更重要。

时间本身就是焦虑的来源

笔者认识一位非常优秀的年轻证券分析师，善于对日常生活进行思考和总结，语言简练而富有启发性。在2021年8月底上市公司中报季结束时，这名分析师如释重负（所覆盖行业的主要上市公司股价在2021年上半年率先持续下跌）。中报业绩出来后，是好是坏都已呈现，覆盖的上市公司的股价跌下来后，市场预期也低了。

分析师反思：事物总是螺旋式上升，业绩不达预期，预期和股价都会回调，业绩好，预期就高，股价也涨得多。大家似乎都明白这个道理，但为什么还在焦虑短期业绩和股价呢？

随后，分析师顿悟："时间本身就是焦虑的来源。成就达成的速度感，是决定快乐还是忧伤的核心。十倍股在任何维度都值得赞赏，但一年十倍和十年十倍仍有巨大差别。"

分析师又说："谁会安然接受每年20%的收益率？年轻人大概不会，他们追求的是3天3个涨停板，然后寻找下一个。"

这里引出一个悖论，没钱的人（经常是年轻人）等不及慢慢变富，他们最想一夜暴富，但他们没有积蓄，需要用钱的地方又最多：买房，婚姻，继续教育，等等。按照慢慢变富的道理，他们得节俭，尽早积蓄和投资，但这样他们就无法实现自己的当前消费和对自己的投资。

相反，已经富起来的人（通常是年纪较大的中年人）却愿意接受年复合10%的收益率，甚至5%的收益率，因为他们的财富已经足够支撑他们的消费需求，他们利用日常开支和必需消费外的富余的钱做投资，心态好，愿意慢慢变得更富。所以，大家经常看到的情况是穷人变得更穷，富人变得更富。

马克·吐温说过："一个人要在年轻的时候，感到世界上一切都生气勃勃、趣味无穷，那才需要钱财啊。老天爷为什么不把通常的过程颠倒一下，让多数人首先获得财富，慢慢把它花掉，然后让他们在不需要有钱的时候，变成一个穷光蛋死去呢？"

根据深交所公布的《2020年个人投资者状况调查表》统计显示，财富较高的投资者对长期价值投资理念接受度更高。整体而言，持长期价值投资理念的投资者占比逐年上升，由2015年的20.4%提升至2020年的31.1%。其中，证券账户资产量50万元以上的投资者中，32.8%接受长期价值投资理念，相较50万元以下的中小投资者高2.4个百分点。

对于追求快速致富的投资者而言，股票市场的主要矛盾不是熊长牛短，不是投机炒作盛行，也不是股价波动大，而是每个人都嫌弃自己的股票涨得太慢，都想在最短时间内完成资本的积累，实现财富自由。

事实上，除了买彩票，股票市场是理论上最有可能实现快速致富的合法场所了。

举例说，活跃的日内投资者，即使有涨跌停板、T+1等交易限制，理论上也可以做到，T-1日买入一只股票，T日涨停卖出，再买入T日开盘后一段时间涨停的股票，T日收益率为2个涨停板。即使这个版本弱化为日收益率10%，220个交易日，复合收益率为127 758 773 700%，这个理论上的收益率已经足够让无数人天天追涨杀跌，乐此不疲了。

再来个更加弱化的版本，假如你有“未来之眼”或者运气爆棚，每月都买到涨幅最大的股票，每月只要交易一次，1年之内就可以保你实现财富自由。根据“财联社”2021年12月30日统计，在2021年的A股市场，如果你足够幸运，在可操作的市场环境下

（剔除一字涨停无法买入，一字跌停无法卖出的股票），于2021年的每个月中都能在最低点买入，且在最高点卖出当月涨幅最大的股票，那么，在2021年你仅凭1万元的投入就能赚取262亿元的收益。具体操作是，1月在最低点买入“药易购”且在最高点卖出，当月收益可达349%，2月买入“邦讯技术”、3月买入“顺控发展”，以此类推，最终1万元本金在极限情况下可增长至262亿元[①]。

残酷的现实是，投资人的收益归根结底来源于上市公司创造的税后净利润，总盘子就这么多，投资者努力做的就是如何比别人多分些蛋糕。有人赚得多，有人赚得少，甚至亏损；有人发财快，有人发财慢，甚至爆仓破产。股票市场上的焦虑和怨气、贪婪和恐惧都是源于此。而投资者切分这块蛋糕的刀叉筷子等工具，又被证券理论分为价值投资，成长投资；日内交易，长线投资；被动投资，主动投资；量化交易，策略投资；等等。各类刀叉筷子们有时抢到，有时抢不到，本不奇怪，但却一直相互鄙视。所以，市场上各路大仙，各显神通，然1年3倍者众，3年1倍者寡。

一个今天，值得两个明天

现代金融学有一个核心假设，即货币具有时间价值，一般被称

① 《1万投入A股，今年极限赚多少？答案：262亿！》，“财联社”公众号，2021年12月30日。

为“货币时间价值理论”（Time value of Money）。货币时间价值理论认为，当前所持有的一定量货币比未来获得的等量货币具有更高的价值。

货币时间价值理论是现代金融学的核心假设之一，也是证券投资的核心——估值——的重要基础。未来的钱需要贴现才能和现在的钱对比，一家企业，一项投资，需要贴现其未来时间段的现金流才能计算出现值，也即当下的估值。贴现率水平的高低体现了投资者在考虑风险后的最少收益回报率，或机会成本。

货币具有时间价值，举一个简单的例子：

比如说，你现在拥有1元钱，存入银行，银行的存款年利率是10%，那么你存入银行后一年可得

$$1\times(1+10\%)=1.1\text{元}$$

同样的1元钱，你借给了朋友，出于友情，没有好意思要利息。你很幸运，朋友一年后如约还你1元钱。但这1元钱已经不能和你1年前借给他的1元钱等量齐观了。一年后1元钱的现值是：

$$1/(1+10\%)=0.91\text{元}$$

在这里，10%就是贴现率。（因为你存到银行至少能收到10%的收益率回报，或者你的机会成本是10%）

你借给朋友的1元钱，在借出的瞬间其实已经变成了0.91元。这还是在没有考虑通货膨胀导致的货币实际购买力下降的情况下。

再说一个大家容易忽视的问题，银行个人贷款为什么不能选择到期一次性还本付息？

我们知道，银行定期存款只在到期日一次性计息付息，不是按月付息，也不是按年付息（除非刚好是1年定存）。

银行对个人贷款的计息方式则是相反的，银行一般让贷款人选择按每月等额本息还款或按月等额本金还款，却不让贷款人选择到期一次性偿付贷款本金和利息（除非贷款年限在1年以内）。这两种还款方式的名义利率一样，但实际利率差别很大。

举例说明，个人住房贷款金额100万元，还款期20年，年利率4.8%。

还款方式1：每月等额本息归还贷款，折算月息4.8%/12=0.4%，还款周期240个月。按照财务计算器计算结果，每月6489.57元，240个月后总共支付本金利息1 557 497元，其中利息557 497元。

还款方式2：到期一次性支付贷款和利息的本金利息合计1 960 000元，其中利息960 000元。

表面看，方式2支付的总利息要高于方式1支付的总利息。但如果按照现值计算，方式1支付240期，每期6489.57元现金流支出的现值就是1 000 000元，折现率0.4%，实际年利率为0.4%×12=4.8%。

如果按照0.4%折现，方式2的未来现金流支出的现值只有751 908元。如果20年后的1 960 000元按照折现现值为1 000 000元，折现率只需要0.28%。即方式2的实际年利率为12×0.28=3.36%。

货币的时间价值理论告诉我们，对贷款者而言，选择方式2，即到期一次性付款更为划算；对于银行，采取方式1，即分期付款更为划算。

货币具有时间价值，经济学家给出了很多理论上的解释：

第一，货币时间价值是资源稀缺性的体现。社会资源具有稀缺性，资源投入能够带来更多社会产品和财富，所以当前物品的价值要高于未来物品的价值。在货币经济条件下，当前货币的价值自然高于未来货币的价值。市场利息率是对平均经济增长和社会资源稀缺性的反映，也是衡量货币时间价值的标准。

第二，货币时间价值是信用货币制度下，流通中货币的固有特征。在当前的信用货币制度下，流通中的货币是由中央银行基础货币和商业银行体系派生存款共同构成的，由于信用货币规模不断增加(增加速度超出财富增长速度)，所以货币贬值、通货膨胀成为一种普遍现象，现有货币也总是在价值上高于未来货币。市场利息率是可贷资金状况和通货膨胀水平的反映，反映了货币价值随时间的推移而不断降低的程度。

第三，货币时间价值是人们对未来不确定性的反映。由于人认识上的局限性，未来充满不确定性，“一鸟在手，胜过双鸟在林”。当前单位货币价值要高于未来单位货币的价值，为使人们放弃当前货币及其价值，必须付出一定代价，利息率便是这一代价。

第四，延迟满足补偿。要节省现在的一单位货币不消费，则在未来消费时必须有大于一单位的货币可供消费，作为弥补延迟满足的贴水。对投资者推迟消费的耐心应给以报酬，这种报酬的量应与推迟时间成正比。

第五，时间价值是货币所有者放弃流动性偏好的报酬。马克思在《资本论》中指出，只有劳动创造价值，企业家的利润、借贷资本的利息都来源于雇佣工人在生产过程中创造的剩余价值。马克思的剩余价值理论和其他西方经济学家们对货币时间价值论分析并不矛盾。工资、企业利润和支付的利息都来源于工人劳动创造的剩余价值，而剩余价值分割多少利息给借贷者，则需要考虑资金稀缺性、通胀程度、未来不确定程度和放弃货币流动性的时长等因素。

按照货币时间价值理论解释，那些不愿意慢慢变富，甚至愿意冒着失去本金的风险追求快速致富的投资者，他们对未来的现金流给出的折现率比市场平均水平要高，或者他们的机会成本更高。本杰明·富兰克林说："一个今天，值得两个明天。"(One today is worth two tomorrows.)[①] 对于不愿意慢慢变富的人，一个今天值不止2个明天，可能值3个明天或更多。

也可以这样解释，由于人们消费的"时间偏好"不同，有的倾向于即时满足，有的倾向于延迟满足。"时间偏好"本身并没有对错优劣之分，对于偏爱即时满足的人，今天的消费带来的愉悦大于延迟满足带来的愉悦（虽然延迟满足能带来的消费力更强）。对应

① 本杰明·富兰克林著，邱振训译，《穷查理年鉴》，台湾柿子文化事业有限公司，2011年9月出版，第31页。

到投资上，即时满足要求即时回报，而不是长期回报和慢慢变富。

慢慢变富：知易行难

要想成为一个成功的投资者，你最需要的是耐心和时间。巴菲特说过："如果你是一个稍微高于平均水平的投资者，花钱比挣钱少，在一生中，你很难不变得富有。"

然而，慢慢变富，知易行难。慢富道路上充满着坎坷和阻碍，很多时候，慢慢变富、长期主义只是一个标榜的口号，实际上却很少有人能真正做到，特别是在市场低迷、信心缺失的时候，长期投资者往往成为慢慢变富之路上孤独的行者。

很多人称自己为长期主义者，实际上只是新事物、新热点的后知后觉者和趋势追逐者，但自己还以为找到了未来长期之路。自媒体盛行的时代，有人举办跨年的"时间的××"演讲，有人信誓旦旦"现在不买××，就像当年不买房"，等等。网红经济学家们总结、归纳当下经济生活中一些未经时间检验的成功案例和热点事物，拥趸者甚多，唯恐自己领悟不深，赶不上这个伟大的造富时代。但实际上这些普罗大众只是被人用套路洗脑，收获了一堆焦虑而已，演讲者、知名博主们明年又会换一套新的说辞，再贩卖一堆焦虑。

除了时间是焦虑本身，远期财富无法解近渴等原因，慢慢变富很难坚持的原因还有很多。

如过于自信。就像大部分人会高估自己的驾驶水平一样，投资者大多会高估自己的投资能力。过于自信的投资者喜欢主动择时，追求低买高卖，最终不是在波段中迷失了自己，就是在大牛股上只赚到有限的收益率；或者是对自己选择的投资标的盲目自信，落入“价值陷阱”，变成机械的价值投资者，最后错付了宝贵的时光。

有的投资者无法正确对待股价波动，一旦市场或股价有大幅回撤，就承受不住损失。人人都有损失厌恶心理，投资亏损带来的痛苦要远远高于投资成功带来的喜悦。时时关注自己股票涨跌的投资者容易被自己的净值波动影响，最后容易在错误的时机做出错误的买卖决策。

富国基金明星基金经理朱少醒在2020年底公司年度策略会上说:“拿我自己的天惠产品来看，因为我的产品已经存续15年了，累计收益差不多有20倍。我想基金持有人一般应该都是挣钱的吧。但实际上，后台的数据分析结论有点让我吃惊：相当一部分客户没怎么挣钱，甚至有部分客户是亏损的。我们得出了一个结论：基金持有人在投资过程中一些不好的习惯，尤其是追涨杀跌。追涨也就算了，因为净值持续创新高，追涨最后还是能挣钱的，最容易造成亏损的就是杀跌。”

有的投资者，不乏历史上经验丰富，堪称伟大的投资者，错误地使用了杠杆，欲速则不达，长期投资的土壤却结出了爆仓的恶果。

2008年，美国投资者帕伯莱和盖伊联手拍下了巴菲特的午餐，在见到巴菲特后，帕伯莱提出了一个问题——“瑞奇·盖林（Rick Guerin）怎么了？”

瑞奇·盖林是巴菲特、芒格的早期行业合作伙伴，后来却销声匿迹了。巴菲特没有回避这个问题，他告诉帕伯莱和盖伊，盖林用保证金贷款（margin loans）来撬动他的投资，因为他“急于致富”（“in a hurry to get rich”）。在1973—1974年的崩盘中遭受灾难性的损失后，盖林遭到了保证金追缴。结果，他被迫出售（卖给巴菲特）后来价值巨大的股票。这一批被动卖给巴菲特的股票，就是伯克希尔哈撒韦股票，出售价格为每股40美元（现价约每股50万美元），这不仅是巨大的财富损失，而且导致他失去了成为伯克希尔哈撒韦“第三人”的机会。

盖林在20世纪80年代淡出了人们的视线，再也没有与巴菲特或芒格在投资业务上合作过（生活中还是很好的朋友）。按照芒格的描述，盖林是个非常正直、有趣的人，业余兴趣非常广泛，虽然遭受了1973—1974年的巨大投资挫折，但个人生活依然过得非常精彩。而且，盖林的投资业绩在1970年代后期开始得以恢复，长期投资记录非常突出，但已经失去了资金合伙人和商业合伙人（巴菲特、芒格）的信任。

盖林就坐在历史上最伟大的长期主义者、慢慢变富的杰出代言人的身边，也没能阻止他采取激进的杠杆投资，追求更快、更多的财富。仅仅一次投资失利就使他失去了东山再起的机会，失去了可以和巴菲特、芒格并列的投资传奇地位。

芒格说："满足于你已经拥有的。这是一句你的投资顾问可能会反对的真话：如果你已经相当富裕而别人的财富增长速度比你更快，比如说，在投资高风险的股票上赚了钱，那又怎样呢？！总是会有人的财富增长速度比你快。这并不可悲。"①

① 彼得·考夫曼编，李继宏译，《穷查理宝典》，中信出版集团，2016年7月出版，第155页。

第五章

时间站在投资者一边

马语者

在成千上万、良莠不齐的上市公司中，能找到持续创造价值的优秀公司非常困难，判断优秀公司的股价是否合理更是难上加难。所以，芒格说："投资并不简单。认为投资简单的人都是傻瓜。"①

投资是一门学问，也是一门艺术。巴顿·比格斯形容伟大的投资者为"马语者"。他说："伟大的投资者如同传说中的马语者。在漫长的历史中，人们为了获得骑行工具而驯服马匹，与此同时，也滋生出对桀骜不驯的马匹的珍爱。最好的马，强壮能跑的马，总是

① 霍华德·马克斯著，李莉、石继志译，《投资最重要的事》，中信出版集团，2015年9月出版，第1页。

桀骜不驯的，但能够驯服最为狂野的马的人一直少之又少。因此，我的看法是，伟大的投资者就像是马语者。我绝不相信他们只是猜硬币比赛的随机赢家，相反，他们肯定具有某些神奇之处，否则不可能总是战胜普通投资者。”①

其他杰出投资者是这样评价自己和同行的工作的：

本杰明·格雷厄姆在《聪明的投资者》中说：“投资艺术有一个特点不为大众所知。门外汉只需些微努力与能力，便可以取得令人尊敬（即使并不可观）的结果。但是，如果想在这个容易获取的标准上更进一步，则需要更多的实践和智慧。”②

霍华德·马克斯说：“很少有人拥有成为杰出投资者的素质。有些人是可以被训练出来的，但并非人人都可以。成功的投资需要有良好的运气或者非凡的洞察力。关于篮球运动，人们常说，‘身高是无法训练的’，意思是说，世界上的任何训练都无法让运动员长得更高。训练洞察力几乎与提高身高一样难。就像其他所有艺术形式表现出来的一样，有一些人对投资的理解就是比别人更好，他们拥有——或者能够设法获得——本杰明·格雷厄姆所大力提倡的、必不可少的‘更多的智慧’。”③

---

① 巴顿·比格斯著，崔传刚译，《癫狂与恐慌：巴顿·比格斯论金融、经济与股市》，中信出版集团，2016年3月出版，第170页。

② 本杰明·格雷厄姆著，王中华、黄一义译，《聪明的投资者（第4版）》，人民邮电出版社，2010年8月出版，第7页。

③ 霍华德·马克斯著，李莉、石继志译，《投资最重要的事》，中信出版集团，2015年9月出版，第3页。

睿远基金创始人陈光明2021年在一次演讲中说："我虽然一不小心做了总经理，但始终自认为是一个手艺人，一个做选股工作的手艺人。""（选股）这门手艺好学也不好学。做成长价值投资则更需要洞察力，特别是对人的判断力。因为深度价值是看现在，而成长价值是看未来，不确定性比较大，稳定性比较差。做成长价值第一要会看人，还要会看商业模式，还要有耐心，对基金经理的要求非常高。"

对于普通投资者而言，如果不是天生的投资领域的"马语者"，以合理的价格买到持续优秀的上市公司股票是件不容易的事情。一些基本的门槛，如复杂的年报，实地调研和管理层交流，都是普通投资者难以逾越的障碍。人人都知道贵州茅台公司很赚钱，但贵州茅台的股票价格几乎在任何时候都不便宜。没人敢保证，以当下的价格投资贵州茅台股票就一定能在3年或5年之内赚钱或者跑赢市场指数。"当下"永远是投资决策最难的时候！

普通投资者在选股上有着明显的劣势，除了不具备投资所需的如企业估值等专业知识外，个人投资者不能像专业投资者那样投入时间和精力也是主要原因之一。

林奇1994年在美国全国新闻俱乐部的一次演讲时说："人们很在乎他们的钱，比如人们买冰箱时会看买家的评价，买车的时候也会精挑细选，到处咨询，仔细研究，当他们去旅游时，都会仔细看当地的旅游指南。但当他们只在公交车上听到某些股票的小道消息时，就会迫不及待地拿出半生的积蓄满仓杀入，生怕赶不上，等到跌了就苦思冥想为什么赔了。最终把责任归咎于机构的程序式交易上。其实是你没调研，没看财报，这是你亏损的原因。”①

芒格在一次接受媒体采访时说，有些人天生就不适合投资。“为什么有些人会比其他人聪明呢？这跟与生俱来的性格有部分的关系。有些人的性格并不适合投资。他们总是按捺不住，或者总是忧心忡忡。但如果你拥有好的性格，在这里主要是指非常有耐心，又能够在你知道该采取行动时主动出击，那么你就能通过实践和学习逐渐了解这种游戏。”②

价值投资已经被证明长期有效，那么个人投资者按照价值投资方法去投资是不是就可以长期战胜市场呢？事实并不是如此简单。即使是信奉基于价值的投资理念，投资期限也足够长，选对股票也不是容易的事情。

相比普通投资者，机构投资者和专业投资者投入他们绝大部分时间和精力到这门带有艺术性的工作中，他们在寻找投资机会面前具有巨大的优势。芒格说：“我们的游戏是，当好项目出现时，我们必须能够认出来，因为好的项目并不会经常出现。机会只眷顾有准备的人。”③

---

① 林奇，1994年在全美新闻俱乐部的演讲。

② 彼得·考夫曼编，李继宏译，《穷查理宝典》，中信出版集团，2016年7月出版，第100页。

③ 彼得·考夫曼编，李继宏译，《穷查理宝典》，中信出版集团，2016年7月出版，第124页。

事实上，所有主动投资的基金经理，都以战胜市场为目的。作为基金经理，如果战胜不了市场，他的工作也就失去了意义。2021年12月，林奇在接受彭博社采访时表示，（市场流行的）转向被动投资是一个错误的选择，无论从10年期、20年期还是30年期看，主动型基金经理管理的基金都跑赢了大盘，他们还会再接再厉[①]。巴菲特对此则不以为然。巴菲特建议95%以上的个人投资者应该去投资具有代表性的指数基金，因为大部分人不具备战胜指数的能力。同样，巴菲特也不认为专业投资人就一定能长期跑赢指数。最为著名的就是2008年到2017年，他和一个名为Protege Partners的对冲基金为期10年的赌约，最终以巴菲特挑选的标普500指数战胜Protege Partners挑选的5只对冲基金组成的FOF告终。

国内的实证数据表明，我国公募基金等专业投资者能战胜指数获得超额收益。以投资“普通股票型基金指数”为例，假设投资者在2007年和2015年分别在最高点上证指数6124点和5178点买入“普通股票型基金指数”，持有到2021年底，累计收益分别为143.91%和34.12%，年复合收益为7.04%和5.33%。相比之下，上证指数2021年底收盘于3640点，离曾经的指数高点还有很长的距离。沪深300指数2021年底收盘4940点，也分别低于2007年的最高点5877点和2015年的最高点5198点。

① 《彼得·林奇：“满仓”搞被动投资是一个错误》，《华尔街见闻》网站，2021年12月07日。

天天“挥棒”的基金经理

相比个人投资者，基金经理等职业投资者具有丰富的专业知识，强大的研究分析能力和大量的时间投入，在选股方面具有个人投资者无法比拟的优势。但他们的弱点也很明显，战胜市场（证明自己存在的意义）和同业PK（证明自己更优秀，管理更大规模资金）的压力，让基金经理普遍缺乏长期的投资视野，容易错过真正的长期投资机会。

1973—1974年美国股市经历大跌后，格雷厄姆有一次应邀出席了由投资银行帝杰公司主持的基金经理人会议，他为所听到的发言感到震惊：“我无法理解，为什么机构的基金经理们从原本正确的投资基础堕落到了你死我活的竞争中，试图在最短的时间里获取最高的回报。”①

巴顿·比格斯在1999年11月1日写的一篇投资日记《市场先生是一位狂躁忧郁症患者》最能回答格雷厄姆提出的问题：

“我认为市场先生已经在嗑药了，一些疯狂的事情正在发生。上周我出席了沃伦·巴菲特旗下公司所举办的一场晚宴。在晚宴上巴菲特回答了各种提问，言谈之间透出传说中那种质朴的魅力。实

① 罗伯特·哈格斯特朗著，杨天南译，《巴菲特之道》，机械工业出版社，2018年3月出版，第30页。

际上他所讲的我们并不是第一次听到了，其内容大概是这样的：‘做一个理性投资者的美妙之处在于，这仿佛是在一场没有好球的棒球比赛中担任击球手，日复一日各种球朝你投过来，但是你却完全不需挥动球棒，只要这些球不够有吸引力或者你没能完全理解，那么就随它们去。只要你足够有耐心，你就可以站在那里，直到真正好打的那粒球出现为止，即便你没能击出全垒打，但优势还是在你这边。举着球棒日复一日站在那里，的确可能会产生无聊感，很多投资管理者的才能也会因此受到束缚，但这是最聪明的投资方法。’

“后来我又对这番话进行了思考，发现其中的问题在于，巴菲特所说的比赛并非我们这些职业的投资者参加的比赛。因为我们要努力去跑赢基准指数，而基准指数每天都在无情地变化，所以我们就必须每天挥舞球棒进行比赛。”①

比格斯继续说：“讽刺的是，我们多数人按照巴菲特的建议操作自己的个人账户。我们不担忧业绩的季度排位，也不在乎是否跑赢标普指数。我们就是不出手击球。只要我们足够耐心，坚守理念，总能等到一次大赚机会。”

巴菲特不担心被炒鱿鱼。在股市大幅下跌时，客户往往会赎回投资资金，基金经理在本该以更便宜的价格买入优质股票的时候，

① 巴顿·比格斯著，崔佳刚译，《癫狂与恐慌：巴顿·比格斯论金融、经济与股市》，中信出版集团，2016年3月出版，第172页。

却被迫卖出。巴菲特在1969年关闭了自己的合伙制对冲基金，转而以伯克希尔哈撒韦这个上市公司为投资平台，一劳永逸地解决了这个大多数基金管理人面临的难题。

基金经理注定不是长期投资者，还因为：

第一，如果你在未来的20～30年里是股票的净买入者，那你希望市场越跌越好，因为你的买入成本更低。当20～30年后你需要卖出股票来支付你的消费时，你希望市场涨得越多越好。但机构投资者，如公募基金或对冲基金，他们的业绩提成和奖金一般是以一年为周期支付的，没有哪个理性的基金经理期望20年或者30年后能补发应得的奖金。所以，基金经理必然非常注重短期的业绩表现，希望自己每年都表现很好。他们自觉不自觉地热衷于追逐市场的热点机会，希望自己能做到完美的行业轮动和主题切换。

第二，基金经理有自己的职业生涯追求，用最短的时间成为明星基金经理符合其最大利益。相应地，基金的排名有月、季度、半年、1年、5年、10年，甚至更长的时间段排名，但大家更加关注当年的股票基金冠军，很少有人确切知道5年期、10年期、15年期的基金冠军是谁。

第三，别人的钱。有的基金经理，特别是公募基金经理，实际上是拿着别人的钱为自己挣名声、职业提升和奖金，并没有和基金投资者真正实现风险/收益共担。虽然基金经理一般也会跟投部分资金，但带来的约束和激励都很有限。如果基金经理过分冒险导致基金严重亏损，基金经理除了损失部分跟投资金，并不需要承担其他的财务损失。

第四，追求职业安全。躺平的基金经理的最佳策略是买入外部或内部分析师强烈推荐的股票，他们不去冒险，宁可投资那些谨慎的、没有争议的平庸机会。1936年，凯恩斯在其著作《就业、利息和货币通论》中写道："世俗的智慧告诉人们：对于名声而言，即便遵循常规而失败也好过打破常规而取胜。"

时间站在投资者一边

如前所述，精通选股的门槛较高，个人投资者一般不具有相应的专业知识，也没有大量的时间和精力做研究。相反，搞清楚时间的作用，认识到投资期限/持有期限在投资中的重要性，却是一项常识，普通投资者都能完全掌握和理解（虽然也最容易被忽略）。所以，相比基金经理等职业投资者，个人投资者的最大的优势就是投资期限长，可以用时间换空间，投资长期机会，慢慢变富。

国内一位基金经理在投资者交流时曾引用格雷厄姆说过的一句话："挣钱不是靠脑子，挣钱是靠屁股能不能坐得住。"这位基金经理认为，因为股市拉长时间看都是斜率向上的上涨，赚钱概率很高，但为什么大家都不赚钱呢？就是因为我们不停地在做交易，尤其是你本身又是在投资基金，这种频繁、双重的交易在一个较长的投资期限看显得更没有意义了。基金经理想方设法地拉长投资标的持有期限，因为时间会带来更稳定的回报。但基金公司恨不得每个月都来考核基金经理的业绩，短期的考核行为会导致投资行为的变化。所以，对于个人投资者，时间最重要，也是最大的优势，只要时间拉长，投资回报都不会差。[①]

霍华德·马克斯说："在我45年的职业生涯中，看到的是投资者变得越来越短视，这可能与媒体过多关注投资结果有关，也可能是由于按年度盈利表现而提成的对冲基金经理们追求年度收益，反过来把这些情绪传染给投资客户们。当多数投资者过度关注于季度、年度表现时，他们实际上为更有远见（更长的投资期限）的人创造了机会。"[②]

在1974年11月1日的《福布斯》杂志发表的一篇文章中，巴菲特提出了著名的"挥棒理论"（比格斯在1999年听到的巴菲特"挥棒理论"已经是巴菲特在不同场合第N次阐述这一理论了）。"挥棒理论"说，普通投资者有投资期限长的优势，投资者不会三振出局，他们不必像职业投资人一样有时刻要挥棒的压力。他们可以错过无数机会，直到一个极好的机会出现在眼前。个人投资者可以投资自己认为真正值得投资的最佳长期投资机会，股票短期内不涨，丝毫不能影响到他的情绪。

大部分个人投资者不是天生的优秀选股者，对他们而言，理解

---

① 引自某基金公司资产配置和量化投资部总监在一次线上投资者交流会上的视频交流讲话。

② 罗伯特·哈格斯特朗著，杨天南译，《巴菲特之道》，机械工业出版社，2018年3月出版，推荐序言。

投资期限长的意义更加重要。虽然不具有巴菲特、林奇优秀的选股能力，但人人都可以学巴菲特做一个超长期投资者。当你开始忽视市场短期波动，专注于长期投资机会时，你就成了时间的朋友；选股手艺不好，你可以交给专业投资者打理；买了伯克希尔哈撒韦股票就相当于免费雇用巴菲特帮你理财；投资长期表现优秀的基金，你就和杰出的投资者同行；投资宽基指数基金，你就将分享一个国家整体经济增长的成果。

投资基金，就像投资优秀企业一样，投资者应该投资具有价值投资理念，长期业绩稳定、优秀的基金经理。我个人认为，挑选能带来长期回报的优秀的基金经理，比挑选长期收益率高的牛股相对容易（虽然要付出管理费的成本）。对于杰出的基金经理或专业投资人而言，优秀的投资能力是可内化的、可积累的、能随投资环境的变化演进的，相比之下，优秀企业更具有易变性和不确定性。所以，投资者一旦选择到了优秀的基金经理，只需要充分利用自己投资期限长的优势，结合基金经理优秀的投资能力，剩下的交给时间和耐心即可。

如果既不主动选股，也不委托专业投资人，投资者也可以选择低成本的指数基金。投资指数基金，就相当于投资于这个指数的所有成分股公司，投资宽基指数基金（覆盖面广，具有代表性，如美国的标普500，我国的沪深300、中证500等），就相当于投资最能代表一国经济实力的最优秀企业的一部分股权。

2019年和2020年的时候，国内基金投资市场非常火热，一些基金管理公司开始发行有较长封闭期的基金，有些私募基金公司的基金封闭期甚至达到3～5年。发行有封闭期的基金，基金公司能主动筛选到匹配自己投资理念的长期资金，同时也能帮助投资者拉长投资期限，避免像投资股票一样追涨杀跌。

值得注意的是，这些有较长封闭期的基金的管理费率或业绩提成比例，和普通基金相比并没有不同，这一点不符合经济学中的流动性偏好理论。按照流动性偏好理论，封闭期越长，资金的流动性越受限，为了补偿流动性损失，投资者应该获得更高的业绩回报，或更低的费率。但实际上，权益类投资，无论公募还是私募，都不能承诺业绩回报，3～5年的封闭期间也不一定必然赚钱，熊市时间超过3年并不罕见，长的甚至超过10年。所以，理论上，有较长封闭期的基金应该对应较低的管理费率。如果基金持有人能够认识到自己投资期限长的优势，主动长期投资，不追涨杀跌，就不需要认购有较长封闭期的基金。

第六章

时间河流上的行船

巴菲特说："时间是好企业的朋友，是平庸企业的敌人。"[①] 林奇说："当你持有好公司的股票时，时间就会站在你这一边；持有时间越长，赚钱的机会就越大。"[②]

长期投资的前提，也是主动投资的核心，就是找到时间的朋友——优质企业，并以合适的价格买入。选对能持续创造价值的企业，你就是"时间的朋友""长期主义""复利机器"；选错了，你就是投资失败，错付宝贵的时光。所以，投资的最主要任务之一就是寻找能持续创造价值的企业，避开那些毁灭价值的企业。

优秀的企业很难找到，以合适的价格投资优秀企业的机会更是

① 伯克希尔哈撒韦1989年年报。

② 彼得·林奇、约翰·罗瑟查尔德著，焦绪凤、王红夏译，《彼得·林奇的成功投资》，机械工业出版社，2006年5月出版，第284页。

难得。如果你能投资并长期持有一家优秀的企业，那就意味着找到了一个持续的高回报投资，不用再去重复艰苦而成功率并不高的选股工作。

时间河流上的行船

德意志铁血首相俾斯麦曾说:“国家是时间河流上的行船。”俾斯麦对自己国家的未来充满自信——19世纪后半叶，时间站在德国一边。

一项好的投资同样需要时间来积累回报。对于投资者而言，优秀企业就是“时间河流上的行船”。

优质企业就像优质酱香型酒，随着时光流逝，缓慢自然发酵，历久弥香。金庸先生《射雕英雄传》中的主人公郭靖大侠，小时候在蒙古大漠苦练外家功夫，欲速不达，江南七怪差点就要放弃认命。后来郭靖得到远赴大漠的全真派掌教马钰道长传授全真派内功心法，年岁越长，内力越强。百年后的《倚天屠龙记》叙事中，金庸先生也不忘致敬郭靖大侠。金庸先生描述：张三丰在武当山受小人偷袭受伤，张无忌以九阳神功相助，张三丰感受张无忌的内功:“内力绵绵不绝，澹澹而内敛，只有当年的郭靖大侠和自己可以相当。”

从估值角度看，一个公司的ROE水平如果持续低于社会平均ROE水平（或权益投资的社会平均回报率，即权益折现比率），即属于毁灭价值的公司，该公司股票的投资回报长期内将低于社会平均回报甚至亏损。相反，一个公司的ROE水平持续超出社会平均水平，该公司股票的长期收益将超出社会平均回报。

从一个较长的投资期限看，如果以合理的价格买入，长期持有一个股票的年均复合收益水平将大致等同于这个上市公司的平均ROE水平。即使以稍高于公司合理价值的价格买入，长期持有这个股票的复合收益率也大致与其ROE水平相当。

芒格说："长远来看，股票的回报率很难比发行该股票的企业的年均利润高很多。如果某家企业40年来的资本回报率是6%，你在这40年间持有他的股票，那么你得到的回报率不会跟6%有很大的差别——即使你最早购买时该股票的价格比其账面价值低很多。相反地，如果一家企业在过去二三十年间的资本回报率是18%，那么即使你当时花了很大的价钱去买它的股票，你最终获得的回报也将会非常可观。"①

《巴菲特之道》的作者罗伯特·哈格斯特朗统计了12 000个公司的案例发现，时间越长，股价和盈利之间的关联关系越正相关。当持股为3年时，估股价与运营利润之间的相关程度为0.131～0.360。（0.360的相关度，意思是36%的股价变动可以用利润变动解释。）当持股期为5年时，相关度为0.374～0.5999。当持

① 彼得·考夫曼编，李继宏译，《穷查理宝典》，中信出版集团，2016年7月出版，第224页。

股期为10年时，二者之间的相关度为0.593～0.695。所以，只要给予充分的时间，一个公司的股价终将反映其本身的实际价值[①]。

时间会奖赏优秀的公司，同时，优秀公司未来继续优秀的概率比差公司实现困境反转的成功概率要高得多。巴菲特说："我们喜欢那些能提供高投资率的股票，它们存在一种可能性，就是可能继续保有这种优势。我看重它们的长期竞争优势，以及持久性。"[②] 这也是后来巴菲特抛弃了格雷厄姆的"捡烟屁股"方法，转向以合理的价格买入优秀公司，并长期持有的投资理念背后的真正原因。

事实上，时间不仅是优秀企业的朋友，他们的关系比好朋友更亲密，可以说是焦不离孟，形影不离。

首先，一项好的投资决策需要深思熟虑，花费时间，而不是一时冲动。即使已经买入持有，随时也可以让自己冷静下来，客观反思，这永远不是浪费时间，而是对你的时间的尊重。芒格说："当世界给予你机会的时候，聪明的投资者会出重手。当他们具有极大的赢面时，他们会下大注。其余时间里，他们做的仅仅是等待。就这么简单。"[③]

---

① 罗伯特·哈格斯特朗著，杨天南译,《巴菲特之道》，机械工业出版社，2018年3月出版，第195页。

② 巴菲特1995年致股东的信。

③ 原文载于《杰出投资者文摘》(*Outstanding Investor Digest*)，May 5，1995，58，转自罗伯特·哈格斯特朗著《巴菲特之道》，第176页。

其次，一个好的股票总有足够长的投资窗口可以上船，不用担心错过好的股票。林奇就曾以投资沃尔玛公司为例，说明投资不用总是急吼吼的，生怕错过啥。沃尔玛公司于1970年10月上市，上市前已经有了15年的优异表现，财务状况也很好。假设你是一个极其保守的投资者，你可以等待10年再去投资。你不确定沃尔玛这家公司到底行不行，你担心它的店都开在小镇上，覆盖范围也只有7～8个州，你想继续等待，看它能不能扩张到更多的州。你如果在它刚上市时就投资，你会获得500倍的回报，但是即使你等到沃尔玛上市10年之后再投资，今天你也会收获35倍的回报。所以我再强调一遍，股票和彩票不是一回事，每只股票背后都有一个公司，你只需要持续地关注市场，什么时候投资都来得及。人们总是抢着买股票，电话交易时都在喘气，这真的没有必要[①]。

最后，好的投资往往有较大的运气成分在里面，而运气需要时间这个媒介才会降临。机遇总是青睐有准备的人，对于普通投资者而言，就是深度研究，耐心持股，“当幸福来敲门，你需要在家”。巴菲特曾说起他的耐心是如何炼成的。他在人生第一次买股票时就被市场上了一堂痛苦而有价值的课。巴菲特11岁时和妹妹多丽丝一起买城市服务优先股，投资114.75元买了三股，当股价下跌时，他们担心不已，当股价下跌30%后，妹妹多丽丝天天追着巴菲特问损失情况，最后巴菲特等股价回本到40元时立刻卖出，只赚了5

① 林奇，1994年在美国全国新闻俱乐部的演讲。

美元。城市服务优先股的股价不久就飙升到202元，他们总计少赚了492元[①]。

荒岛挑战

任何企业都有生命周期，没有永葆青春的企业，也没有永恒不倒的企业。马云早年说，希望阿里巴巴能经营99年。现在看来，这句话并不是马云低调谦虚，而是许下了一个美好的宏大愿景。

美国通用电气是美国企业中的常青树明星。20世纪90年代，它一度成为美国市值最高的公司，2001年市值一度突破6000亿美元。从1896年到2018年，在道琼斯工业平均指数编制以来的122年中，GE作为成分股的时间最长，共计111年。然而，到了2018年，成立于1892年，一度被认为最能代表美国经济的通用电气公司被剔除出道琼斯指数，至此，道琼斯指数第一次发布时的12只原始成分股均已经不在其中了。

1969年的10月，在一次格雷厄姆粉丝们聚会的会议上，巴菲特提出了其著名的“荒岛挑战”理论：“如果你被迫搁浅滞留在一个荒岛上10年，你会投资什么股票？”我们现在知道，20世纪70年代的《华盛顿邮报》，80年代的可口可乐，21世纪第一个十年的中

① 罗伯特·哈格斯特朗著，杨天南译，《巴菲特之道》，机械工业出版社，2018年3月出版，第8页。

美能源公司和北方铁路公司（BNSF），以及第二个十年的苹果，都将成为巴菲特“荒岛挑战”自己给出的答案。

亚马逊的创始人贝索斯说过：“我经常被问到一个问题：‘未来十年，会有什么样的变化？’但我很少被问到：‘未来十年，什么是不变的？’我认为第二个问题比第一个问题更重要，因为你需要将你的战略建立在不变的事物上。”

“荒岛挑战”的本质是寻找那些不受时间和竞争影响，具有可持续竞争优势的企业。巴菲特们永远在寻找那些未来没有变化的企业，寻找未来能继续保持可持续竞争优势的企业（也被称为“护城河”）。

相比下一个热点和未来的趋势方向，对于长期投资者而言，不变化的东西才是最好的。巴菲特说过，如果你买入一个股票，需要时刻关注它的变化，你就不值得持有这家公司。巴菲特和芒格终生致力于寻找那些买入之后不需要再投入大量精力跟踪的公司。他们的目标永远是下一个，并不断比较和提高自己的持仓的机会成本。

巴菲特在1996年的致股东信中说：“作为一个投资者，你的目标仅仅是以理性的价格，购买一家容易理解的企业的一部分，这家企业的收益增长具有很高的确定性，5年、10年、20年。最终，你会发现，能符合这些标准的公司少之又少，所以，一旦发现，你应该大量买入。”

伯克希尔哈撒韦在并购市场和股票市场投资的标的都具有这样的特征，可乐，苹果，IBM等，都已经建立起很强的竞争优势，并能在较长的时间内维持，巴菲特预测这些公司能在未来20～30年也能维持其护城河宽度或竞争优势，从而稳定贡献高ROE回报。不变的ROE的前提下，在20～30年的投资期限下，买得便宜还是稍贵都不那么重要了。这就可以理解，为什么巴菲特不是在早期阶段，而是在这些公司已经证明了自己，并且股票涨了相当的幅度情况下还能重仓买入并长期持有。

2002年，时任国泰君安证券研究所所长的李迅雷，让每个行业研究员都推荐一个未来能够成为行业龙头的蓝筹股——未必是行业内规模最大的企业，但一定是行业内最具竞争力的优秀企业。推荐的30个行业30个股票，汇编成《未来蓝筹：中国行业龙头研究》一书。15年后的2017年，李迅雷分析了当年最优秀的一批研究员的预测结果（见表3）。

大致统计一下，15年后被选对的行业龙头上市公司有11家，分别为海螺水泥（建材业）、招商银行（银行业）、稀土高科（稀土业）、中集集团（金属制品业2）、青岛啤酒（啤酒业）、振华港机（专用设备）、鲁泰（纺织制造）、联想集团（电脑制造）、中芯国际（半导体）、晨鸣纸业（造纸业）、宝钢（钢铁业）。如果加上华为，31个行业中研究员选对行业龙头的占比达到40%。

当时国内最优秀的券商的研究员，判断未来最具竞争力的龙头企业的准确率在15年后只有40%，而且大部分属于竞争格局变化小的传统行业，可见预测未来胜者的难度和市场竞争的激烈程度。如让人大跌眼镜的是，白酒行业错失茅台，选了五粮液。家电行业选了青岛海尔，而错失格力或美的。

事实证明，选错龙头的涨幅差距有天壤之别：如五粮液的15年涨幅为18.8倍，涨幅已经很可观了。茅台在15年里的累计涨幅为115倍，是五粮液涨幅的6倍多。尽管青岛海尔的15年累计涨幅超越了同期货币供应量的累计增速，投资回报率非常不错，但家电行业的龙头是格力，其涨幅居然是海尔涨幅的10倍。[①]

表3　国泰君安研究员2002年推荐的各行业的未来领导企业

未来蓝筹	当前名称	区间股价涨幅（02-17）
深圳华为：中国IT行业的翘楚	深圳华为	营业收入增长22.6倍
海螺水泥：成长中的中国水泥业巨人	海螺水泥	1546%
五粮液：品牌经营的成功典范	五粮液	1885%
招商银行：零售行业优势明显	招商银行	1073%
稀土高科：稀土资源得天独厚 龙头地位不可动摇	北方稀土	1359%
友谊股份：中国连锁商业旗舰	百联股份	185%
海尔集团：走向世界的家电巨头	青岛海尔	884%
中集集团：世界最大的集装箱制造商	中集集团	516%
同仁堂：传统中药的象征	同仁堂	906%
首旅股份：演绎大型旅游企业主流发展模式	首旅酒店	298%
青岛啤酒：领导中国啤酒产业的整合	青岛啤酒	544%
晨鸣纸业：中华民族造纸业的脊梁	晨鸣纸业	567%
上海建工：构建辉煌	上海建工	360%
东方航空：国内航空运输领域三大巨头之一	东方航空	105%
振华港机：世界集装箱起重机械龙头	振华重工	354%
宝钢股份：中国钢铁之中流砥柱	宝钢股份	331%

① 《15年前我让研究员荐股，现在公布结果》，载于李迅雷的公众号，2017年。

续表

未来蓝筹	当前名称	区间股价涨幅（02-17）
天威保变：稳步发展	保变电气	264%
沪杭甬高速：增长前景广阔	浙江沪杭甬	939%
鲁泰A/B：迅速成长的色织布大王	鲁泰A	347%
歌华有线：中国城域有线网企业龙头	歌华有线	140%
哈药集团：向世界制药50强挺进	哈药股份	143%
中石化：资源优势大 改革路尚远	中国石化	372%
光明乳业：快速成长的中国乳业巨头	光明乳业	165%
联想集团：引领中国计算机产业的发展	联想集团	75%
天药股份：亚洲最大的糖皮质激素原料药生产商	天药股份	51%
中芯国际：中国C产业的新希望	中芯国际	-49%
东风汽车：东风动力 成长之源	东风汽车	92%
华能国际：亚洲最大的独立发电公司	华能国际	141%
广州日报报业集团：中国报业龙头	粤传媒	-51%
四川长虹：转型之中的彩电巨头	四川长虹	21%
南风化工：从传统日化行业向高科技转型	南风化工	8%

价值投资的核心：估值

巴菲特说过："我们的观点是，学投资的人只需要学好两门课程：如何估值企业，如何对待股价。"①

如何估值企业，是投资的核心能力。确保自己投资的就是能持

① 巴菲特1996年致股东的信。

续创造价值的优秀企业，是决定长期投资能否成功的前提。当大多数投资者不能忍受股价下跌带来的痛苦时，杰出的投资者一点也不紧张，因为他们对自己的公司估值的判断能力很有信心，能避免短期的股价波动而导致错误买卖的风险。

林奇评价巴菲特说："沃伦是个很好的企业学习者，能够快速、准确地分辨出一个公司的复杂关键所在，他能在两分钟内否决一项投资，也能在两天内做出重大投资决策。"①

霍华德·马克斯在《投资最重要的事》中说："不懂利润、股利、价值或企业管理的投资者完全不具备在正确的时间做正确的事情的决断。当周围的人都在炒股赚钱的时候，他们不可能懂得：股票价格已经过高，因此要抵制进场的诱惑。市场自由落体的时候，他们也不可能有坚定地持有股票或以极低的价格买进股票的自信。""估价正确却不坚定地持有，用处不大。估价错误却坚定地持有，后果更糟。这句话表明恰到好处是多么困难。对内在价值的准确估计是进行稳定、冷静、有利可图的投资的根本基础。"②

买到优秀企业的股票并能长期持有并不是一件容易的事，大部分投资者都是"事后诸葛亮"，事后才知道自己曾经投资过值得长期持有的好企业。身兼企业家和投资者双重身份的杰出投资人段永

① 罗伯特·哈格斯特朗著，杨天南译，《巴菲特之道》，机械工业出版社，2018年3月出版，林奇写的推荐序言。

② 霍华德·马克斯著，李莉、石继志译，《投资最重要的事》，中信出版集团，2015年9月出版，第30—31页。

平说过，他自己能看懂的公司是非常少的，看懂一家公司不会比读一个本科更容易。

芒格1996年在斯坦福大学法学院演讲时说："投资之所以困难，是因为人们很容易看出来有些公司的业务比其他公司要好。但它们股票的价格升得太高了，所以突然之间，到底应该购买哪只股票这个问题变得很难回答。我们从来没有解决这个难题。在98%的时间里，我们对待股市的态度是保持不可知状态。我们不知道通用汽车的股价跟福特比会怎样。我们不知道。"①

即使是身经百战的股神，也并不能保证所选的股票一定是赚钱的。巴菲特、林奇等投资大师都曾选错股票，甚至重复犯同样的错误，譬如巴菲特就在航空股投资上屡次铩羽而归（成功的投资者会及时纠正自己的错误，而不是盲目长期持有）。实际上，更多的情况是，杰出的价值投资者常犯的错误是错过优秀的上市公司，或者买了却没有买到足够的数量。林奇曾列过其早期投资生涯错过的10倍股，按字母顺序，列到M就因为数量太多而无法继续下去。巴菲特、芒格、李录都承认过自己所犯的最大错误就是错失自己能力圈内的牛股，或者因为某种原因买得太少。

对于普通投资者，扬长避短，选择被动投资，投资指数类基金，利用自己投资期限长的优势，同样能建立自己的复利机器，分

---

① 1996年4月19日芒格在斯坦福大学法学院的演讲，题目：《论基本的、普世的智慧》，刊登于彼得·考夫曼编《穷查理宝典》，第261页。

享一批优秀企业持续创造的财富。所以，巴菲特建议绝大部分普通投资者应该投资低成本指数基金，但同时巴菲特也认为，“如果你是有一定知识储备的投资者，懂得经济，并能找到五到十家价格合理的、具有长期竞争优势的公司，那么，传统的多元化投资策略对你而言并无意义”①。

本书的重点并不是教投资者如何估值，或如何选股，市面上流行的各类选股书籍也是汗牛充栋。这里，我只是从估值理论的角度，简单归纳一下成功的价值投资者遵循的选股标准和逻辑。

第一，判断企业的高ROE能否持续。

西格尔在《投资者的未来》一书中研究了从1957年到2003年，标普500指数最初成分股的20个幸存者在这47年时间里的收益率表现。烟草公司菲利普·莫里斯以19.5%的复合收益率排名第一，击败了一批名气更大的雅培、辉瑞、可口可乐、默克、宝洁等公司。1957年用1000美元投资菲利普·莫里斯公司的股票，经过历年的股利再投资，到了2003年，价值为4 626 402美元。

菲利普·莫里斯公司成为2003年以前的50年里，美国市场表现最好的股票的主要原因是，公司品牌力强，持续保持了高盈利能力；资本开支需求小，高ROE回报不仅驱动了公司内生的高净利润增长率，同时还有大量的利润分红回报股东。47年里，菲利普·

① 沃伦·E.巴菲特著，劳伦斯·A.坎宁安编，杨天南译，《巴菲特致股东的信》，机械工业出版社，2018年3月出版，第146页。

莫里斯公司的净利润复合增长率达到14.75%，位居20家幸存公司第一，同时年复合股利收益率达到4.07%，位居第四。

由于低价烟草品牌的竞争，漫长的诉讼赔偿官司和无尽的负面新闻，投资者对于烟草行业预期很低，菲利普·莫里斯的预期市盈率也一直很低，47年平均市盈率为13.13%，是20家公司中倒数第二低。低估值放大了股息率的作用，股利发放一直能以低估的价格买入公司股份。当烟草诉讼案件在2002年有所缓解时，市场对菲利普·莫里斯公司的未来预期恢复正常，股价回归正常水平。数十年下来，菲利普·莫里斯公司股价表现基本和净利润增长速度保持一致，同时通过丰厚的股利再投资，在几十年复利作用下，菲利普·莫里斯公司的复合收益率远远超出了市场的平均收益率①。

伯克希尔哈撒韦投资的公司几乎毫无例外具有高ROE和持续高盈利能力的特征。喜诗糖果在1972年被巴菲特以2500万美元收购后，已经为巴菲特提供了15亿美元左右的净现金收入。2021年财报显示，可口可乐ROE超过了40%，苹果ROE超过了50%，这两家公司不仅每年发放丰厚的红利，而且一直在进行股票回购，巴菲特没有增加买入一股，但持股比例却在持续增加，投资的实际回报率超过了股价上涨的累计涨幅。

单看ROE指标，具有高ROE的公司通过行情软件就可以筛选

① 杰里米·J.西格尔著，李月平等译，《投资者的未来》，机械工业出版社，2018年11月出版，第45—46页。

出来，但企业的ROE年年都在变化，而且高ROE水平一般已经在股价上体现。投资者只有对企业的商业模式、行业竞争和公司管理等有足够的了解，才能判断企业的高ROE水平能否在未来持续。只有精确的估值，才能让你正确判断企业的内在价值，进而和市场价格比较。

第二，判断企业的持续竞争优势。

“持续竞争优势”（Sustainable Competition Advantage）是管理学中的名词，由著名的竞争优势研究专家，哈佛大学商学院教授迈克尔·波特提出，巴菲特通俗地称之为“护城河”。

产品特性、特许权、品牌、低成本等，都是“护城河”的主要来源。巴菲特在1993年致股东的信中首次提出了“护城河”概念，他说：“最近几年可乐和吉列剃须刀在全球的市场份额实际上还在增加。他们的品牌力、他们的产品特性以及销售实力，赋予他们一种巨大的竞争优势，在他们的堡垒周围形成了一条护城河。”

在2000年伯克希尔哈撒韦的年度股东大会上，巴菲特回答投资者提问时说：“我对波特非常了解，我很明白我们的想法是相似的。他在书中写道，长期的可持续竞争优势是任何企业经营的核心，这一点我们所想的完全相同。这正是投资的关键所在。理解这一点的最佳途径是研究分析那些已经取得长期的可持续竞争优势的企业。”巴菲特接着说：“我们喜欢持有这样的‘企业城堡’：有很宽的护城河，河里游满了很多鲨鱼和鳄鱼，足以抵挡外来闯入者。”

第三，判断成长的价值。

媒体总是喜欢给成功的投资者或基金经理贴上价值投资或趋势投资的标签，价值投资者也经常面临在“价值”与“成长”之间的抉择。这种争执其实毫无意义。巴菲特说：我们认为这种想法（在价值和成长中选择）很糊涂，增长本来就是价值的一部分，“价值投资”这样的说法是多余的[①]。

成长投资一般是在企业快速发展的早期阶段或者预期未来有高增长阶段的投资。真正的价值投资者并不会把成长投资和价值投资对立划分，价值投资包括成长投资。对于成长投资者而言，虽然从静态估值看，企业的估值和盈利不匹配，但从动态估值看，企业内在价值中已经隐含了盈利高成长的预期。换句话说，成长投资也是基于企业内在价值判断的投资，也需要通过较长的投资期限来实现投资回报。

把价值投资和成长投资分开，其实是把价值投资等同于投资股价低于账面价值或清算价值的股票，这种投资方法，格雷厄姆称为“捡烟屁股”。巴菲特在1965年收购伯克希尔哈撒韦的纺织业务后意识到，这种投资策略并不理想。巴菲特说：“除非你是一名专业的清算师，否则这种投资方法就是愚蠢的。首先，最初看似便宜的价格可能最终并不便宜，一家处境困难的公司，在解决了一个难题之后，不久就会有另一个问题冒出来，就像厨房里如果有蟑螂，

① 伯克希尔哈撒韦1992年年报。

不可能只有一只。其次，任何你得到的初始优势（价格低于账面价值）会很快被公司的低回报所侵蚀。”[①]

现代社会信息高度发达，“捡烟屁股”的投资方法更加困难，很难在市场上找到绝对便宜又很有价值的股票。根据巴菲特的说法，使用格雷厄姆的方法能获利的最后一次机会只出现在1973—1974年熊市底部。另外，“捡烟屁股”式的投资本质上是一次性投资机会，等估值回归正常，投资逻辑兑现就需要卖出，从投资期限角度上讲，这种投资更像是投机。芒格说：“如果你因为一样东西的价值被低估而购买了它，那么当它的价格上涨到你预期的水平时，你就必须考虑把它卖掉，那很难。”[②] 更大的风险是，如果企业股价一直低于账面价值或者清算价值，但又无法短期内清算的话，“捡烟屁股”的投资者将陷入“价值陷阱”。

众所周知，巴菲特在投资上经历过从“捡烟屁股”到以高于账面价格买入优秀成长股的转变。芒格说：“我们起初是格雷厄姆的信徒，也取得了不错的成绩，但慢慢地，我们培养起了更好的眼光。我们发现，有的股票虽然价格是其账面价值的两三倍，但仍然是非常便宜的，因为该公司的市场地位隐含着成长惯性，它的某个管理人可能非常优秀，或者整个管理体系非常出色等。一旦我们突破了格雷厄姆的局限性，用那些可能会吓坏格雷厄姆的定量方法来

---

① 1989年巴菲特致股东的信。

② 彼得·考夫曼编，李继宏译，《穷查理宝典》，中信出版集团，2016年7月出版，第101页。

寻找便宜的股票，我们就开始考虑那些更为优质的企业。顺便说一声，伯克希尔哈撒韦数千亿美元资产的大部分来自这些更为优质的企业。最早的两三亿美元的资产是我们用盖格探测器四处搜索赚来的‘烟屁股’，但绝大多数钱来自那些伟大的企业。”[①]

我国经济在改革开放后一直保持了快速的增长，各行业涌现出很多优秀的行业领先企业，长期持有这些优秀企业，能在长期内获得惊人的超额收益。很多年前就被归为蓝筹、大盘股的股票，如贵州茅台、格力电器、美的集团、招商银行，其实它们都是成长股，成长贡献了这些公司的大部分企业价值，也是这些公司长期超额收益的源泉。

耐心驶得万年船

长期而言，企业价值与市场股价之间趋于一致，但在特定的时间段里，价格脱离价值是常态。找到并持有十倍股是每个投资者的梦想，但听得多，见得少，长期持有牛股的过程并不是一路坦途。

2022年初，苹果公司的市值创下历史新高，突破3万亿美元，成为历史上市值最高的公司。知名投资人段永平从2011年开始就投资苹果公司的股票，并一直持有，至今足足赚了十几倍。但在这

① 彼得·考夫曼编，李继宏译，《穷查理宝典》，中信出版集团，2016年7月出版，第221页。

十多年时间里苹果股价并不是一路向上的，中间出现了多次大幅回调。2012—2013年出现了最大55%的下跌，2015—2016年出现了最大36%的下跌，2018年出现了最大40%的下跌，2020年出现了最大36%的下跌。大部分个人投资者，如果天天盯着股票价格走势，查看自己的盈亏，估计早就被中途下车甚至亏损出局了。

我国股市比海外成熟市场波动更大，长期持有牛股的挑战性更高。根据中泰证券统计显示，A股中，十年十倍股不少，但波幅巨大。2006年初，全市场约有1300只股票，到2015年末，十年间，股价涨幅超过1000%的股票有410多只，占比达32%（经历了2007年、2015年两轮大牛市）。但扣除各自涨幅最大的两年后，其余八年的平均涨幅只有7%。而在随后的五年里（2016年初至2020年9月），这些十倍股年平均跌幅高达11%。所以，在A股选到长牛的股票很难，而且即使你选中了一只长期牛股，可能80%的收益都来自20%的时间，另外80%的时间都要在等待中度过，忍受波动，忍受平庸。

耐心驶得万年船。研究挖掘优质股票的过程也极其需要耐心，很多时候，你需要做的只是等待和观察，即使错过了企业早期的巨大涨幅，在合适的阶段，以合适的价格买入长期创造价值的优秀企业，也能获得长期的超额收益。利弗莫尔说：“赚大钱的诀窍不在于买进卖出，而在于……等待。”[①]

① 彼得·考夫曼编，李继宏译，《穷查理宝典》，中信出版集团，2016年7月出版，第84页。

巴菲特和芒格花在学习和思考上的时间，比花在行动上的时间要多得多。芒格说他曾经50年如一日地阅读《巴伦周刊》，在这50年里，他从中只发现一个投资机会，通过这个投资机会，在几乎没有任何风险的情况下，芒格赚了8000万美元。

20世纪80年代，巴菲特投资10亿美元买可口可乐股票，在这之前，巴菲特已经观察研究可口可乐很多年，但一直没有出手，可口可乐的股价在他出手之前的6年里上升了5倍，在过去的60年上升了500多倍。2016年巴菲特买入苹果，几乎完全复制了可口可乐的案例：分析师们认为苹果创新能力下降，面临新品牌竞争，股价短期涨幅过多的时候，巴菲特却认为是个好的买入时机。苹果公司在巴菲特投资后，全球的竞争优势更加巩固，护城河也更宽。巴菲特持有的苹果股票从2016年360亿美元的成本上涨到2021年底1600亿美元的市值，占巴菲特二级市场股票仓位接近50%，一举成为伯克希尔哈撒韦保险、能源和铁路运输之后的第四大资产支柱。苹果投资的成功也再次证明了巴菲特的耐心和“后知后觉”背后的大智慧。

第七章

股价波动不可预测

它会波动

投资两堂课，上一章讲述如何估值企业，这一章讲述如何对待股价。

J. P.摩根在被问到明天股票市场将如何表现时，说过一句著名的预言："它会波动。"（It will fluctuate.）

格雷厄姆在《聪明的投资者》中提出著名的"市场先生"的比喻："你的一位合伙人——名叫'市场先生'——的确是一位非常热心的人。每天他都根据自己的判断告诉你，你的股权价值多少，而且他还让你以这个价值为基础，把股份全部出售给他，或者从他手里购买更多的股份。有时，他的股价似乎与你所了解到的企业的发展状况和前景相吻合；有时，在许多情况下，市场先生的热情或担心有些过度，这样他所估出的价值在你看来似乎有些愚蠢。”①

如第三章所述，无论是美国还是中国，股票都是长期回报率最高的资产，但股票也是价格波动极大的投资品种。林奇在1996年接受PBS采访时说：“20世纪前95年里，我们一共经历了53次跌幅超过10%的下跌。市场可能在一年里上涨26%，然后出现了10%的回调。也就是说，95年里出现了53次下跌，平均每两年发生一次。在这53次下跌中，有15次下跌的跌幅高于25%。这么高的跌幅就是熊市。所以，在95年里有15次熊市，即差不多每六年就会遭遇一次大跌。如果你在市场，那你一定要明白市场是会下跌的。每隔几年市场就会出现10%的回调。回调是迅速亏掉很多钱的委婉说法。熊市是跌幅达到20%～30%的下跌。这些是会发生的，至于什么时候开始发生，没有人知道。如果你不能承受这一点，你就不要入市。”

格雷厄姆在《证券分析》中说：“股市短期是台投票机，长期是台称重机。”对于真正的价值投资者而言，对待股价的正确态度是：市场是为你提供买卖服务的工具，保持足够耐心，你就有机会在股价大跌时买入，也可以在股价大涨时卖出。市场只提供价格，不告诉你真实的价值。大部分时间里，投资者可以忽视股价的波动，把注意力放在企业的内在价值判断上。罗伯特·哈格斯特朗说：“市场

---

① 本杰明·格雷厄姆著，王中华、黄一义译，《聪明的投资者（第4版）》，人民邮电出版社，2010年8月出版，第157页。

短期的波动，既没令巴菲特更富，也没有令他更穷，因为他的持有期限是长期。大多数投资者不能忍受股价下跌带来的痛苦，巴菲特却一点也不紧张，因为他相信他比市场更能对一个公司进行正确的判断。"[①]

除了关注内在价值，正确对待股价波动还有个关键前提：不要让自己处于"被动卖出"的境地。在你想卖股票时卖出，而不是你不得不卖时卖出。只有避免处于被迫卖出股票的境地，你才能不去理会股价的短期波动。任何一个被迫出售股票来"买单"（如强平、还债、支付账单、触发止损线）的人，是永远没有资格说他可以无视股价波动的。正如第二章所述，股价波动本身不是投资风险，但如果投资期限太短，被动卖出，股价波动就可能使投资者遭受本金永久性损失的投资风险。

噪声，信息，判断力

信息社会进入了移动网络时代，每天我们都主动和被动地接收大量的信息，然而，我们从外界接收的信息充满了碎片化、重复化和随机性的噪声。你想不理会这些噪声非常困难。投资者可以随时随地查阅股市行情或查看自己的股票和基金账户的资产变动；电

① 罗伯特·哈格斯特朗著，杨天南译，《巴菲特之道》，机械工业出版社，2018年3月出版，第242页。

视、电台不间断地播出财经新闻或专家访谈；即时新闻APP 24小时滚动更新全球资讯，免费的分析报告多到无法读完；每天开车上班从陆家嘴隧道浦东出口出来就是大屏幕滚动播放全球金融市场行情。

美国五星上将麦克阿瑟曾说，所有的情报中只有5%是关键信息，其他95%都无关紧要，指挥官的唯一重要任务就是把这两者区分开来。[①] 这也正是投资管理人面临的主要问题。

噪声和信息之间是有区别的，应该忽略噪声，认真对待有用的信息。现在市场上信息泛滥，廉价的信息和分析到处都是，大家都满足于肤浅的判断，而不愿进行费时费力的研究和思考。普通投资者容易受媒体和证券经纪公司影响，被新闻头条左右。基金经理则每天有听不完的电话会议，看不完的电子邮件，剩余时间也是在打电话交流市场信息，或者盯着股票行情，这些都是低质量的信息获取方法。

塔勒布说："在短的时间递进尺度上，我们观察到的是证券组合的易变性而不是它的回报情况。投资者每月看一次回报就可以，如果能一年只看一次，他的投资业绩会更好。"塔勒布认为，频率解释了为什么新闻（高密度）充斥着噪声，为什么历史（低密度）一般来说就没有噪声（尽管有种种如何诠释的问题）。也能解释为什

① 巴顿·比格斯著，崔传刚译，《癫狂与恐慌：巴顿·比格斯论金融、经济与股市》，中信出版集团，2016年3月出版，第143页。

么在星期六读《经济学家》比每天早晨读《华尔街时报》好。塔勒布坦承，他非常清楚自己的弱点，他不是个理性的人，面对新闻的时候他无法控制自己的情绪，也不会用冷静的头脑去看待业绩。他采取的方法是尽量不让自己接触这些高频的信息，而是去公园的长凳上思考，或者阅读诗歌。[①]

塔勒布认为，除非有什么东西运动得比它通常的日常百分比幅度更大，否则那个事件就被认为是噪声。2%的运动的意义作为事件来说，不只是1%的两倍而应该是约四倍。如果道琼斯指数某天下跌了1.3%，与1997年10月7%的严重跌幅相比，它的意义不到百万分之一。[②]“聪明人听出意义，傻瓜只听见噪声。”[③]

巴顿·比格斯认为，过量的信息输入会让投资者信息超载，导致无法正确处理信息，这对于投资者的投资决策过程毫无帮助，只会让他变得过于自信。人们往往相信或重视专家的观点，但专家对市场的判断并不比普通的聪明人好多少，而这主要是因为专家掌握的信息过多。[④]

---

① 纳西姆·尼古拉斯·塔勒布著，包新周、张玉昭译，《成事在天：机遇在市场及人生中的隐蔽角色》，中国经济出版社，2002年8月出版，第67页。

② 纳西姆·尼古拉斯·塔勒布著，包新周、张玉昭译，《成事在天：机遇在市场及人生中的隐蔽角色》，中国经济出版社，2002年8月出版，第196页。

③ 纳西姆·尼古拉斯·塔勒布著，包新周、张玉昭译，《成事在天：机遇在市场及人生中的隐蔽角色》，中国经济出版社，2002年8月出版，第64页。

④ 巴顿·比格斯著，崔传刚译，《癫狂与恐慌：巴顿·比格斯论金融、经济与股市》，中信出版集团，2016年3月出版，第154页。

巴菲特经常拿他投资农场的事来举例子，说明投资者并不需要时刻关注所投资的一切信息。2019年5月，股东大会前夕，在接受雅虎财经关于苹果股票的提问时，巴菲特说："如果你买下了一座农场，你会隔三岔五就去看看玉米长多高了吗？""你会因为有人说受到出口的影响，今年农产品价格料将走低，而过分担心吗？""我就有一家1980年代就买下的农场，我的儿子经营着它，但我只去过一次。""就算我在一边盯着，农场的作物也不会长得更快，我在旁边喊着加油、加油，也于事无补。""我知道农产品的价格会此起彼伏阴晴不定，我知道有些年份的收成会好过其他年份。""但既然我已经买了农场，我就不会在意经济预测什么的东西。""我在意的是保证农场常年轮作，得到悉心照料，我希望收成越来越好，而结果大体上也如此。"

投资者如何从噪声中识别真正有用的信息呢？

第一，独立思考。罗素说："很多人宁可死也不愿意思考。"在投资领域也一样适用。新闻媒体，电视评论员、分析师和各路专家，吸引了你的眼球，占据掉了你大量的时间，根本不给你留下多少自己思考的时间。互联网更是给大家提供了海量的免费财经信息。我们需要做的是像塔勒布那样，交易时间不妨去公园找个长凳思考，或者每天刻意给自己留下一段自由支配时间，关闭财经资讯和社交媒体，进行清醒的、客观的独立推演和思考。

第二，判断力。判断力或洞察力是投资管理人的核心能力。判断力是建立在长时间积累起来的知识和经验基础上的。当某些事件或只言片语的新消息出现时，思维马上会被激活，直觉就会告诉你这是不是一个好的投资机遇。判断力就像是“全能之眼”，具有可以穿透话语和事物表面的深入而独特的本能——它虽然看得隐约，却能够准确穿过砖墙，也能让人先于大众发现猎物的踪迹。与这种能力相比，专业知识、学问、学位、名声、清晰的头脑以及充足的勇气都不值一提。[①]

第三，养成好的阅读习惯。芒格说，“在我的一生中，还从没见过一个人不整天阅读却能无所不知——这样的人没有，一个也没有。我认识各种各样的聪明人，不怎么阅读，却对自己的小领域驾轻就熟。可惜，投资是个广泛的领域。所以，如果你认为你不用整天读东西也能成为好的投资者，那我无法同意……你会惊讶于沃伦（巴菲特）读了多少东西，也会惊讶于我读了多少东西”[②]。

有人问巴菲特的投资想法是从哪里来的。巴菲特回答：“只靠阅读，我每天的工作就是阅读。我们曾向中国石油天然气股份有限公司投资5亿美元，而我获取相关信息的方式就是阅读年报。”

阅读要讲究方法，做好时间管理，提高阅读的效率。第一，做主动的阅读者，有节制、有选择地阅读。在最短的时间里，把重要的、有用的投资信息从海量的信息中提取出来。第二，重要的、新的信息先读，而不是忙于处理日常的、不重要的、重复的信息。第

① 巴顿·比格斯著，崔传刚译，《癫狂与恐慌：巴顿·比格斯论金融、经济与股市》，中信出版集团，2016年3月出版，第452页。

② 芒格在伯克希尔哈撒韦2003年股东大会上的讲话。

三，多渠道信息比对。在阅读分析一个重要的信息时，不能只依赖一个信息渠道，而应该同时参考其他的信息渠道综合分析。第四，分析自己能处理的信息。雪球创始人方三文说，无论是雪球上还是雪球之外，信息、观点都是非常多的，这东西对你有没有用本质上取决于你自己的体系能不能处理这个东西，如果你自己的体系处理不了，信息再多也没有用。第五，学习历史、哲学、诗歌等“无用”的知识。投资的关键就是拨开迷雾，透过事物的表面，洞察本质。而历史、哲学、小说，甚至诗歌等低频的“无用”的知识正是洞察社会、了解人类的最佳途径。马克·吐温说：“历史不会重复，但总是惊人地相似。”

没人能预测股市

不知道什么原因，人们热衷于预测未来。美国经济学家约翰·肯尼斯·加尔布雷斯说：“我们有两类预言家：无知的和不知道自己无知的。”① 芒格直言：“我从未能够准确地预测市场，我不依靠准确预测赚钱。”②

华尔街教父格雷厄姆说：“根据我们自己长达50多年的市场经验和观察，我们从来没有发现一个依据预测市场而长期获利的投资

① 霍华德·马克斯著，李莉、石继志译，《投资最重要的事》，中信出版集团，2015年9月出版，第157页。

② 2016年2月11日，芒格在Daily Journal总部主持公司2016年度会议时的演讲。

者。我们可以大胆地认为，这种方法是十分荒谬的，虽然它依然十分流行。”[①] 身兼经济学家、政府官员和优秀投资管理人的凯恩斯也认为，没人能准确地根据经济周期来择时买卖股票。他曾在一份投资策略中说：“我们未能证明，有人有能力利用经济的周期循环，大规模系统性地买卖股票。经验证明，很清楚，大规模的买进卖出是不可行的，也不可取。试图这么做的人，不是卖得太迟，就是买得太迟，或者二者均沾。”[②]

众所周知，巴菲特很少预测股市，专心于寻找被低估的优秀企业，巴菲特说：“我不认为包括我自身在内有谁能成功地预测股市的短期波动。”“三十年来，没有人能够正确地预测到越战会持续扩大、工资与价格管制、两次的石油危机、总统的辞职下台以及苏联的解体、道琼斯指数在一天之内大跌508点。在往后的三十年间，一定还会有一连串令人震惊的事件发生，我们不会妄想要去预测它或是从中获利。”[③]

巴菲特会偶尔关注一下经济大势，但他不会花大量的时间、精力分析预测宏观经济前景。通常投资者以分析经济大势为开始，然后根据这个假设，再挑选合适的股票以配合其宏伟巧妙的设想。巴

---

① 本杰明·格雷厄姆著，王中华、黄一义译，《聪明的投资者（第4版）》，人民邮电出版社，2010年8月出版，第2页。

② 罗伯特·哈格斯特朗著，杨天南译，《巴菲特之道》，机械工业出版社，2018年3月出版，第181页。

③ 巴菲特1994年致股东的信。

菲特认为这种思维很荒诞。首先，没有人能预测经济，就像没有人能预测股市一样。其次，如果你只是挑选那些在特定经济条件下才能获利的股票，那么你就不可避免地卷入了投机。无论你是否准确地预测了经济大势，你都需要不断调整组合，以便从下一次经济周期中获利。巴菲特倾向于购买那些在任何经济环境下均能获利的企业。相对于那些仅能在预测准确的情况下才能获利的股票，时间是优秀企业的好朋友。①

和巴菲特一样，林奇同样专注于个股研究，而不浪费时间去进行经济和股市预测。林奇说："要是能知道什么时候发生衰退就好了。我不记得有谁预测到1982年我们的通胀率将达到14%、失业率达到12%、基本利率高达20%，这一年的经济衰退是大萧条以后最严重的。衰退就这样发生了。经济状况就是那样，非常糟糕。我不记得有谁告诉过我会出现这些状况。所以，所有这些东西我都不担心。我经常说如果你每年在经济研究上花13分钟，你就浪费了10分钟时间。"②

市场上流行的所谓自上而下（Top down），或"某某投资时钟"的投资方法其实可操作性和可信度很小。基于预测宏观经济变化的"投资时钟"策略，可能并不比根据"天干地支"，根据"风水"做的投资决策更有意义。香港里昂证券在每年年初都会发布类似看风

---

① 罗伯特·哈格斯特朗著，杨天南译，《巴菲特之道》，机械工业出版社，2018年3月出版，第254页。

② 1996年林奇接受PBS的采访。

水的大盘策略报告，也没人会较真去复盘其预测的可靠性和准确性，而A股市场这种玄学的研究报告则被明令禁止。

人们能刻意与喧嚣的股市保持距离，或者尝试用更长的投资期限去看待股市涨跌，就会发现那些所谓的专家或经济学家做的种种预测都不可信。如果有心做些回顾分析会发现，专家们3个月前，甚至几天前做的预测都会显得很可笑。市场上每天都充斥着这种廉价的预测和分析，除了制造噪声，没有丝毫参考价值。

即使是学术的、严肃的研究，对市场也毫无预测的能力。以本世纪初美国科技股泡沫破灭为例，在20世纪90年代中后期，很多伟大的投资者、学者在不同时间警告美国股票市场存在资产价格泡沫。

1996年，耶鲁大学经济学家罗伯特·席勒（Robert Shiller）和哈佛大学的约翰·坎贝尔（John Campbell）共同撰写了一篇学术文章，该文章证明市场价值已被严重高估，他们在当年12月初将这一研究结果呈交了美联储。1996年12月5日，美联储主席艾伦·格林斯潘在一次演讲中也发出了明确的警告。格林斯潘问道："我们如何知道非理性繁荣在什么时候过度推高了资产价值，从而使我们遭受了在过去10年间发生在日本的意想不到的、旷日持久的经济萧条？我们又应该如何将这些评判标准纳入货币政策当中呢？"①

1996年，格林斯潘发表"非理性繁荣"的讲话时，美联储对数

① 艾伦·格林斯潘在美国企业研究所1996年度晚宴上的演讲。

据进行了认真细致的研究，发现当时（1996年）的股价水平已经比其实际价值偏高了15%～20%。[①] 1996年12月，道琼斯工业平均指数为6400点，纳斯达克指数为1300点左右。股价整体高估的情况持续了多年，3年后的1999年12月，道琼斯股票指数达到11 700点，纳斯达克指数达到5400点，纳斯达克市场的总市值一度达到纽约证券交易所总市值的80%。

没人能准确预测泡沫什么时候破灭，也没人能准确预测市场什么时候是绝对底部。格林斯潘在科技股泡沫破灭2年后的一次演讲中说道："要想明确地判定一个泡沫是很困难的，除非它用破灭证明了自己的存在。"[②]

有一种预测方法会因为时不时显得正确而具有迷惑性，那就是坚持一直看涨或一直看跌。如果你持有一个固定观点的时间足够长，迟早你会是对的。即使你是一个门外汉，也有可能因为偶尔准确地预见到别人没有预见到的东西而受到赞赏。但这并不意味着你的预测总是有价值的，因为"一个坏了的时钟一天也能正确两次"，"迟到的正义就已经不是正义了"。

任何预测还容易陷入"线性预测"的谬误，经济预测或者股市的预测也不例外。如果我们仅仅根据过去的趋势推测未来，而不去

① 查尔斯·P.金德尔伯格、罗伯特·Z.阿利伯著，朱隽、叶翔、李伟杰译，《疯狂、惊恐和崩溃：金融危机史（第七版）》，中国金融出版社，2017年6月出版，第222页。

② 艾伦·格林斯潘在斯堪市联邦银行2002年8月29—31日举办的讨论会"Rethinking Stabilization Policy"上的演讲，转引自西格尔著《投资者的未来》，第73页。

考虑这种趋势是否有意义，那么我们的推论可能会与真相相去甚远。轻率的外推有时会成为一个笑话。有一项研究考察了过去350年的英国演讲家，发现平均句子长度从弗朗西斯·培根的每句72.2个词下降到了温斯顿·丘吉尔的每句24.2个词。按照这个速度，这项研究认为，每句单词数量将在一百年后达到零点，然后变成负值。①

预测不可信，还因为做出预测过于容易，并普遍缺乏风险共担机制。塔勒布认为，风险共担原则要求“决策者需亲历风险并承担后果”。② 按照风险共担原则，经济学家们的预测就像星象学一样完全不可信，因为即使他们预测错误了，也不会有相应的惩罚和损失。同理，券商分析师们的分析预测也没有可信度。按照证券法规，券商分析师不允许买卖股票，至少是不能同时买卖自己推荐的股票。对他们而言，预测股价、推荐股票只是一份工作，他们的工资、奖金由证券公司发放，他们的产品——格式化的研究报告——最后都有一条“买者自负”的免责条款，预测失败并不会让他们赔偿投资者的损失。电视台和微信群里的那些荐股老师、自媒体网红经济学家们更是不可信，他们或夸大其词，或故弄玄虚，目的是收割流量，并从中获益。即使专家们的预测完全错误，谁又会较真去要求索赔或公开声讨呢？互联网有记忆，也最善于遗忘。

---

① 加里·史密斯著，刘清山译，《简单统计学》，江西人民出版社，2018年1月出版，第287页。

② 纳西姆·尼古拉斯·塔勒布著，周洛华译，《非对称风险》，中信出版集团，2019年1月出版，第19页。

还记得2013年雷军和董明珠的10亿元赌约吗？这种口头的、没有落下白纸黑字、不具有法律效力的赌约不具有任何可信度，双方可能压根就没有想到要兑现赌约。但基于对上市公司管理高层和社会名人的信任，轻信的投资者可能因为相信他们的打赌而遭受到投资损失。

第八章

三大择时法则

关于择时

大科学家艾萨克·牛顿是一位追涨杀跌的投资者典型。作为科学家的他，睿智而理性，但作为投资者的他，却愚蠢而盲目。1720年春，这位伟大的物理学家在日记中写道："我可以测算天体运行却无法估计人性疯狂。"1720年4月20日，牛顿将所持有的南海公司股票变现，回报率高达100%，获得7000英镑投资收益。但他在市场最高点又买入了更多股票，损失了20 000英镑。此后终其一生，他都不能再听得南海公司的名字。[①]

① 查尔斯·P.金德尔伯格、罗伯特·Z.阿利伯著，朱隽、叶翔、李伟杰译，《疯狂、惊恐和崩溃：金融危机史（第七版）》，中国金融出版社，2017年6月出版，第61页。

格雷厄姆在《聪明的投资者》中说，市场上有两种获利方法："择时方法"和"估价方法"。择时，是指努力去预知股市的行为——认为未来走势是上升时，购买或持有股票；认为未来走势是下降时，出售或停止购买股票。估价是指尽力做到：股票报价低于其公允价值时买入，高于其公允价值时卖出。另外一种要求不太高的估价方式是，确保自己购买股票的价格不会太高。这种做法适合于防御型投资者，因为他们所强调的是长期持有。

格雷厄姆确信，无论采用哪一种估价方法，聪明的投资者都能得到满意的结果。格雷厄姆同样确信，如果投资者以预测为基础强调择时交易，那么他最终将成为一个投机者，并面对投机所带来的财务结果。[①]

相应地，格雷厄姆把市场上的投资流派分为两类：择时方法就是技术分析派，代表人物是利弗莫尔，现代流行的量化投资也属于技术分析派；估价方法就是价值投资派，代表人物就是格雷厄姆及其弟子巴菲特等。价值投资者最希望看到的情况是能在股价低于公允价值的情况下买到优质股票，一般在熊市或股市崩盘时会有这种机会；但如果股价稍高于公允价值，价值投资者（也就是格雷厄姆所说的防御型投资者）也能接受，因为他们的投资期限很长（长期看，即使买入股价稍高，他们的长期收益率也大致等同于企

① 本杰明·格雷厄姆著，王中华、黄一义译,《聪明的投资者（第4版）》，人民邮电出版社，2010年8月出版，第146页。

业的ROE水平）。

在格雷厄姆倡导的价值投资流行之前，股市上最流行的是各种技术分析法。其中最著名的是“道氏理论”。道氏理论把股票指数上涨时的某一个特殊“突破点”看作购买的信号，而把下跌时的类似突破点看作卖出的信号。格雷厄姆认为，道氏理论从1938年开始就失去了神秘的魔力。依据道氏理论，投资者会在较低的价格卖出，然后又在更高的价格上买入。但在1938年后近30年的时间里，仅仅购买并持有道琼斯工业平均指数的人，能够得到明显更好的结果。①

利弗莫尔是一个世纪前美国股市技术分析盛行时的传奇投资者，虽然最后因为个人情感和财务问题自杀退场，但其“创新高买入”“金字塔式加仓”等交易原则已经被信徒们奉为技术分析和趋势交易的圣杯。索罗斯则是继利弗莫尔后的又一个择时大师，他用的方法是哲学思考的反身性理论。反身性理论认为，公认的看法是认为市场永远是正确的——市场价格倾向于对市场未来的发展做出精确的贴现，即使这些发展的性质并不清楚。索罗斯从相反的观点出发认为，就市场价格表达未来偏向的含义而言，市场总是错的，但是失真在两个方向上都起作用，不仅市场参与者的预期存在着偏向，同时他们的偏向也影响着交易活动的进程，这有可能造成

① 本杰明·格雷厄姆著，王中华、黄一义译,《聪明的投资者（第4版）》，人民邮电出版社，2010年8月出版，第147页。

市场精确地预期未来发展的假象，可事实上不是目前的预期与将来的事件相符合，而是未来的事件由目前的预期所塑造。参与者的认知的缺陷是与生俱来的，有缺陷的认知与事件的实际过程之间存在一种双向的联系，这导致两者之间缺乏对应，这种双向联系称为“反身性”（reflexivity）。[①]

股票市场并不完全符合数学家的随机游走的理想模型，当前的价格运动与过去的价格运动之间并非完全相互独立，其中存在的某些“依存”关系已被发现（也是量化、日内交易方法的存在基础）。但是，股市中任何一种存在的系统性联系，都是相当微弱的，以至于对投资者而言根本没什么用处。利用这些依存性所付出的交易成本，比起你从而获得的好处要多得多。“随机游走”假说的“弱势有效”形式是这样表述的：不可能从股价变动的历史中找到任何有用的信息，帮助投资者在管理投资组合中持续胜出。如果“随机游走”假说的“弱势有效”形式是对股票市场的合理描述，那么“技术分析与占星术属于同类，是一种伪科学”。简单的“买入持有”策略一般也能赢得和技术分析同样或更多的回报。[②] 所以，只要市场符合“弱势有效”，理论上，技术分析或者择时是无效的。

2021年10月，传奇基金经理比尔·米勒发布第三季度致投资者

---

① 乔治·索罗斯著，孙忠、侯纯译，《金融炼金术》，海南出版社，1999年4月出版，导论第4页。

② 波顿·G.麦基尔著，刘阿钢、史芡译，《漫步华尔街》，中国社会科学出版社，2007年6月出版，第136页。

的信，在信中他告诫人们，在股市中积累财富的关键是时间，而不是择时。米勒说，选择市场时机是愚蠢的，美国股市在“二战”后的年份里有70%的时间在上涨，因为美国经济在大部分时间里都在增长。他说：“股票的大部分回报来自严重悲观或恐慌时期开始的急剧飙升中，正如我们最近在2020年疫情大流行引发的下跌时看到的那样。我们认为，在股市中积累财富的关键是时间，而不是择时。”①

林奇基本不择时，只要发现便宜的优质股票，就会买入。他的基金基本不保留任何现金，一直满仓，但是会不断调仓，动态判断持仓股票的性价比，比较持仓的机会成本，来决定持仓的买入和卖出。需要指出的是，林奇是公募基金（美国称共同基金）的基金经理，委托人在投资这类基金时就相当于做了一次资产配置，投资者期望从优秀的基金管理人获得战胜指数的超额回报，而不是进行二次资产配置。与美国类似，国内偏股型基金和股票型基金都有契约规定的最低仓位要求，所以公募基金一般采取高仓位运作，注重个股和行业配置，很少通过主动择时来获取超额收益。

巴菲特投资股票没有任何仓位上的限制和要求，但他也是典型择股交易者，从不刻意择时，如果价格合理，他最喜欢的状态是满仓。在2022年股东大会上，巴菲特重申：“我总是将至少80%的净资产投资在股票上。我最青睐的状态是满仓——现在仍然如此。

① 比尔·米勒“2021年第三季度致投资者的信”。

伯克希尔哈撒韦目前的仓位在80%左右，是因为我没找到符合我们长期持有标准的整个公司或其中一小部分（流通股）。查理和我在过去不时忍受着类似的现金头寸很大的状况。这些时期从来都不令人愉快，也不是永久性的。”①

巴菲特关于择时有个简洁精辟的论断：“我不知道什么时候买股票，但我知道是否买股票。”还有一句传播更广的名言：“在别人贪婪时我恐惧，在别人恐惧时我贪婪。”②

这两句话的意思其实是一样的。巴菲特之所以在别人贪婪时恐惧，是因为他是价值投资者，当股价远高于内在价值时，不会追高买入，他对股价的态度是恐惧的；而当市场的恐慌，股价远远低于企业内在价值的时候，他会大量买入。因为巴菲特的投资期限很长，如果有以便宜的价格买入优质公司的机会，他会很贪婪。

巴菲特的择时，本质上是一种不择时行为，但表现形式上，感觉是在择时。择股不择时，当选不到合适价格的好股票时就被动持有现金。价值投资的择股就是一种择时，基于价值的择时，不是基于价格的择时。

人际关系中有三大法则，按照难易程度，由易到难，分别是黄金法则：自己不想怎样被对待，也不要这样对待别人，即“己所不欲，勿施于人”；白金法则：你想要别人怎样对待你，你就要怎样

---

① 2021年巴菲特致股东的信。

② 1986年巴菲特致股东的信。

对待别人，即“己所欲，施于人”；钻石法则：别人希望你怎么对待他们，你就怎么对待他们，即“人所欲，施于人”。

参考人际关系的三大法则，按照难易程度，倒过来，由难到易，择时也有钻石法则、白金法则和黄金法则。

钻石法则：“别人恐惧时贪婪，别人贪婪时恐惧。”在股价暴跌时抄底，往往是获得高复合回报率的最佳途径，但这样理想的择时机会，只有在股票市场暴跌时才出现。而且，钻石法则也是三大择时法则中最难做到的，有很多前提条件。

白金法则：“别人恐惧时不恐惧，别人贪婪时不贪婪。”不被市场情绪左右，避免落入“别人恐惧时恐惧，别人贪婪时贪婪”的最差情况。满仓或者定投，要么过于激进，要么过于保守。对于普通投资者而言，更现实、更容易实现的是，不在别人恐惧时恐惧，不在别人贪婪时贪婪。也就是说投资者要稍稍具备周期的意识，不追涨杀跌，不追求卖在最高点，不追求买在最低点。股价低于企业内在价值都是买入区域，股价高于内在价值都是谨慎区域，但也不是非卖不可。择时的白金法则是巴菲特对普通投资者择时的最起码的要求，也是作者主张和推荐的择时原则。

黄金法则：“不择时，不管别人是恐惧还是贪婪。”满仓和定投都属于这一种，简单，容易执行。黄金法则适合那些对自己选股能力特有信心的主动投资者，或者对自己选股特别不自信、选择指数投资的被动投资者。

钻石法则：别人恐惧时贪婪，别人贪婪时恐惧

股市中唯一能预测的是它会波动，有时市场会因为一些外部冲击或自身原因，出现股价的巨大波动。

在战后的70多年时间里，以美国股票市场为例，既出现了1965—1982年17年指数没涨的无聊时光，也有1982—1999年、2009—2021年（也许并没结束）的两轮波澜壮阔的大牛市。夹杂在平淡的日子和两次大牛市中，世界范围内发生了导致市场大幅下跌的众多重大事件：古巴导弹危机，石油危机、滞胀、70年代中期"漂亮50"崩盘，1987年的黑色星期一，道琼斯工业指数在一天之内暴跌22.6%，1994年新兴市场危机，1998年的俄罗斯债务违约和美国长期资本管理公司的倒闭，2000—2001年科技股泡沫的破裂，2008年全球金融危机，2020年全球新冠危机。

什么是对待股市大跌的正确态度？杰出投资者都有自己的经验和认识。

林奇说："每当股市大跌，我对未来忧虑之时，我就会回忆过去历史上发生过40次股市大跌这一事实，来安抚自己那颗有些恐惧的心。我告诉自己，股市大跌其实是好事，让我们又有一次好机会，以很低的价格买入那些很优秀的公司股票。股市下跌没什么好惊讶的，这种事情总是一次又一次发生，就像明尼苏达州的寒冬一次又一次来临一样，只不过是很平常的事情而已。1987年股市暴

跌之后，道琼斯指数曾经一天之内下跌了508点，那些投资专家们异口同声地预测股市要崩溃了，但是事后证明，股市末日来临并没有发生。这只不过是一次正常的股市调整而已，尽管调整幅度非常大，但也只不过是20世纪13次跌幅超过33%的股市调整中的最近一次而已。在麦哲伦基金年报中，我经常提醒投资者，这种股市回调不可避免，总会发生的，千万不要恐慌。”[①]

2021年初，在新冠疫情最严重期间，李录接受《巴伦周刊》采访说：“在我做投资的二十六七年里，每隔几年，就会遇到一次‘百年不遇’的大危机，经常会碰到股市动不动就跌个50%的情况。在1997年成立基金的时候我就遇上了亚洲金融危机，过几年又赶上了2001年互联网泡沫的崩溃，再过几年又遇上2008年、2009年的金融危机，2015年又遇上中国股灾，股灾结束之后又是新冠疫情，但回头来看，你会发现你赚得最多的钱，其实都是在市场崩溃里面出现的。在当下因为非理性的情绪影响导致的股价下跌，将为投资者们提供‘好行业、好公司、好价格’同时出现的难得机遇。现在又到了百年不遇的大危机，我觉得这次也不会例外，因为太阳底下没有新鲜的事儿。”

在人们最为恐惧的时候买入股票往往是获得超额收益的捷径。安信策略在2022年5月发布的一份研究报告指出，10年10倍股的

① 彼得·林奇、约翰·罗瑟查尔德著，焦绪凤、王红夏译，《彼得·林奇的成功投资》，机械工业出版社，2006年5月出版，第31页。

捕捉要等待股价低位的时机出现，股价低位或者低估值时候买入是保证10年10倍股最大的因素，也就是所谓的熊市遍地是黄金。安信的策略报告分析了2011年12月31日到2021年12月31日的10年间股价涨幅至少10倍的股票，发现如果时机选择完美，在股市处于低谷时期买入，持有至2021年底，会比不择时有明显的超额收益。如果不择时，从2011年开始买入，持有到2021年底，这些10倍股平均年复合收益率为34.06%；如果在市场相对较为低迷的2013年第二季度、2016年第一季度和2020年第一季度买入，持有至2021年底，平均年复合收益率分别达到45.26%、46.67%和47.95%。[①]

巴菲特推崇择时的钻石法则，但他并没有刻意去挑选时机，一切都是顺其自然，因为他基于企业内在价值的投资理念一直都没有变化。在市场疯狂的时候，在别人贪婪时因为恐惧而留下足够的资金，为他在下一次危机中能以便宜的价格大量买入提供了条件。

20世纪70年代初，美国股市出现“漂亮50”的大牛市，市场全部在追捧一批大市值成长股，如施乐、柯达、宝丽来、雅芳和得克萨斯仪器等。投资者普遍认为这些股票任何价位都是安全的，到了1972年，“漂亮50”的平均市盈率上涨到天文数字般的80～100倍。当时，伯克希尔哈撒韦无法买到股价合理的股票，巴菲特为此非常苦恼：“我觉得我就像一个过度好色的小伙子来到了一个荒凉

① 《做时间的朋友，与伟大企业共同成长》，安信证券策略团队，2022年5月16日。

的岛上。”

1973年，“漂亮50”的股价开始大幅下跌。据奈德·戴维斯研究公司统计，漂亮50整体跌去了59.81%。而且大部分发生在14～18个月之间。[①] 伯克希尔哈撒韦的股价也从1973年的每股90多美元跌到1975年10月的每股40美元左右，最高跌幅超过50%。

面对市场的大幅下跌，巴菲特终于走出了“荒凉小岛”。在市场大跌和一片悲观声中，1974年11月，巴菲特接受《福布斯》记者专访说：“我觉得我就像一个非常好色的小伙子来到了女儿国。”“现在正是投资的绝佳时机。这是有史以来第一次你能够以本杰明·格雷厄姆所青睐的烟蒂型股票的价格购买菲利普·费雪的股票。”巴菲特历史上著名的投资案例——《华盛顿邮报》，就发生在那一段时间。

2000年科技股泡沫破灭和2008年全球金融危机前后，巴菲特“故技重演”，在恐惧和贪婪中完美切换，在市场遍地是黄金的时候，用之前因为恐惧而留下的资金大量“买入美国”[②]。巴菲特在2010年致股东的信中说：“在时不时爆发的金融危机的插曲中，在其他人挣扎求生的时候，我们已经在财务上和心理上做好了出击

① 巴顿·比格斯著，崔传刚译，《癫狂与恐慌：巴顿·比格斯论金融、经济与股市》，中信出版集团，2016年3月出版，第208页。

② 2008年10月，在市场最为悲观的时候，巴菲特在《纽约时报》发表了著名的文章：《我在买入美国》，文中他再次重复了那句经典的“在别人贪婪时我恐惧，在别人恐惧时我贪婪”，并称：“未来10年，持有股票的投资收益率几乎可以肯定会高于持有现金，而且可能会高出很多。”

的准备。这就是在2008年，在雷曼破产恐慌25天之后，我们投资156亿美元的原因。”①

择时的钻石法则让巴菲特从危机中获得了巨大的收益，但巴菲特说其实他并不擅长抄底。巴菲特在2022年股东大会上就坦言，后悔没有在2020年新冠危机导致的股市大跌中出手，因为下跌和反弹都来得太快了，他更喜欢市场下跌能持续一段时间。这也说明，巴菲特并没有为了抄底而抄底，没有找到合适价格的优秀标的，即使市场大幅下跌，也不需要强迫出手。实际上，在2009年开始的这一轮美国大牛市中后期，尤其是在2016年买入苹果后，除了回购自家的股票，巴菲特就再也没有大的购买动作了。截至2021年底，伯克希尔哈撒韦留存现金达到了1300亿美元。2022年后，美国股市，特别是科技股出现持续回调，巴菲特开始大手笔买入西方石油、台积电等优质公司的股票。巴菲特式的理念、巴菲特式的节奏，一如既往。

白金法则：别人恐惧时不恐惧，别人贪婪时不贪婪

“别人恐惧时贪婪，别人贪婪时恐惧。”钻石法则简单易懂，辩证自洽，几乎说了一个永远正确的道理，但真正要做到，需具备很多前提条件。

---

① 2010年巴菲特致股东的信。

第一，判断别人现在是恐惧还是贪婪就不容易。正如上一章所说，市场本身很难预测，什么时候是市场的底部，什么时候是市场的头部，不是靠光看图形就能知道的，而且人心更是难以揣测。钻石法则就像市场有效理论中的强有效形式，属于理论上的完美形态和强假设。

第二，违背人性。投资者很容易形成追涨杀跌的羊群效应。在一片繁荣时，投资者会受到财富效应和高涨的市场情绪的影响，在市场暴涨时疯狂买入；在市场暴跌时，又会因为面对危机的恐惧，在股价暴跌导致的一片悲观情绪下，竞相踩踏卖出。市场走势经常与大部分人的判断不一致，牛市持续的时间往往超过你耐心的极限，而熊市下跌的惨烈程度更是让你很长时间看不到一点希望。与市场相反，做个纯粹的逆向投资者，违背了人类的本性，远超想象中的困难。

第三，竞争压力。如前所述，保持和竞争者一致往往是基金经理等专业投资者的最佳策略。保持在队伍中间，不要掉队也不要出头，方能端稳金饭碗。在市场狂舞时，早早离身，缺席财富的盛宴，是每个机构投资者最不想看到的。同样市场大跌时，你永远不知道什么时候是逆势加仓的最佳时机，稍微抄底早了些，就可能遭遇巨大损失。可以说，基金经理的任何冒险或大胆的行为，都面临着下岗失业的风险。

第四，来自客户的压力。巴顿·比格斯在回忆其2004年做空石油失败的经历时说：“巴菲特曾说，不要仅仅因为价格下跌就卖出价格被明显低估的资产，那是非理性和愚蠢的做法。巴菲特的价值投资理念听上去十分有理，但如果你的客户在意你每时每刻的表现，那这样的理念就要碰壁了。”

第五，手中有余钱。巴菲特每年都有源源不断的投保资金流入形成公司的浮存金，在股价大跌时，这部分流入的浮存金往往成为买入股票的主要资金来源之一。投资者要完美实现钻石法则，必须每一步都走对，正确判断恐惧和贪婪的前后相依，在市场顶部时能及时卖出，在暴跌时才有足够的资金进行抄底买入。

第六，长期资本。投资期限起码能完整穿越一个投资周期，不陷入被动卖出的境地。有时候，股票市场的价格与内在价值达到一致所需的时间比你可以等待的时间要长。霍华德·马克斯提醒投资者说，既然从强制卖家手中买进是世界上最美妙的事，那么成为强制卖家就是世界上最悲惨的事。把自己的事情安排好，保证自己能够在最艰难的时期坚持住（不卖出）是非常重要的。要做到这一点，既需要长期资本，又需要强大的心理素质。①

第七，理想的抄底和逃顶机会都罕见。霍华德还说，你不能以从强制卖家手中买进或把证券卖给强制买家为生；强制卖家和强制买家不是任何时候都有的，他们只在罕见的极端危机和泡沫时期

---

① 霍华德·马克斯著，李莉、石继志译，《投资最重要的事》，中信出版集团，2015年9月出版，第36页。

才会出现。[①]

第八，投资正确。最后也是最重要的一个前提。投资正确的企业，让你的长期投资有意义。就像知道很多人生哲理，你的生活也不一定幸福。价值投资，长期投资也不一定保证你能投资成功。买入估值很低的股票，但如果你估值错误，投资了价值毁灭的公司，最后的结局要么是亏损出局，要么是资产归零。

正是因为钻石法则的前提条件太多，巴菲特也承认："我经常跟大家说，应该在别人感到恐慌时变得贪婪，在别人贪婪时感到恐慌。然而，要做到这一点并不容易。当然，你起码不应该在别人变得贪婪时变得贪婪，在别人感到恐慌时感到恐慌。至少，设法远离它。"

白金法则是钻石法则的弱化版，也是更容易做到的择时策略。如果做不到在别人贪婪时恐惧，在别人恐惧时贪婪，至少可以远离别人贪婪和恐惧的情绪影响。

白金法则对大多数投资者而言也是最具操作性的择时策略。一般而言，股票市场牛熊市的一个完整周期要十年，甚至十数年，如果只在市场恐慌时买入，很多年才有一次完美的投资机会，错过的概率很大。另外，股价波动很难预测，你永远不知道股价什么时候足够便宜，或过于高估。所以，过于执着于钻石法则很容易买得过

① 霍华德·马克斯著，李莉、石继志译，《投资最重要的事》，中信出版集团，2015年9月出版，第36页。

晚或卖得过早。白金法则只要求能做到模糊的正确：做一个长期投资者，在市场低迷时做到不轻易卖股票，在市场疯狂时不跟风加仓股票。

为了做到模糊的正确，白金法则要求投资者要有“周期感”。霍华德·马克斯在其投资备忘录中曾说：“牢记万物皆有周期是至关重要的。我敢肯定的东西不多，但以下这些话千真万确：周期永远胜在最后。任何东西都不可能朝同一个方向永远发展下去。树木不会长到天上。很少有东西会归零。坚持以今天的事件推测未来是对投资者的投资活动最大的危害。”①

市场是有周期性的，要用心去感受周期。投资者不需要根据市场的情绪或分析师的预测，去抄底或逃顶，也不需要根据自上而下策略，去选择所谓适合目前市场阶段的投资品种。能预测到市场所谓的点位肯定是运气，但凭借周期感可以告诫自己在市场过热或过度悲观的时候，对收益和风险能有理性预期，不盲目追涨杀跌。

市场的波动太有诱惑力，有时即使是守身如玉的、坚定的价值投资者在市场和投资者疯狂面前也很难保持淡定。一些杰出投资者会拿些小的资金做一些投机娱乐，追逐热点，但会与自己的主要投资分开。巴菲特在持股伯克希尔哈撒韦之外，大约有占财富总额

---

① 霍华德·马克斯著，李莉、石继志译，《投资最重要的事》，中信出版集团，2015年9月出版，第91页。

1%的资金与一些好友一起投资。段永平也说过自己有部分小仓位做短线投机，为了开心和用作家里的日常费用。

牛市往往是普通投资者亏钱的主要原因，因为大部分投资者会在市场行情火爆的时候进场买入，在市场行情低迷时卖出止损。一些有良心的、立足长远的基金管理人为投资者考虑，逆向操作，在熊市中发行基金，在牛市中停止发行基金，并提示风险。投资机构虽然看似失去了些短期利益，但照顾到了投资者的长期利益，经过一个周期下来，投资者的感受会比较好，从而能稳定一群忠实的长线资金，实现投资人和管理人的双赢。

黄金法则：不择时，不管别人是恐惧还是贪婪

择时的黄金法则其实是不择时，是一种躺平、躺赢的策略，其前提是投资期限长，长期看好经济和股市，不选择具体的买入时间点，持股穿越股市波动或分批买入，实现长期制胜。满仓和定投最符合择时的黄金法则。

黄金法则的一个典型策略就是死多头，永远满仓。永远满仓意味着彻底拜倒在“股市”的石榴裙下，相信通过投资“时间河流上的行船”——优秀企业，实现长期制胜。长期看，股票投资是一个“正和游戏”。随着经济的增长和时间的推移，一个国家的经济在长期内将保持增长的态势，社会财富实现正增长。只要投资者投资期限足够长，就能够穿越股价波动，获得相对较高的投资回报

率。满仓策略下，投资者需要避免频繁交易，付出高昂的手续费和税费。

雪球创始人方三文曾说过，满仓是最保守的策略。如果你的投资期限足够长，比如10年以上，你就会认同满仓策略其实是长期视野下的保守投资策略。主动择时，高抛低吸，反而是一种非常激进的策略。一方面，如前所述，没人有预测股价短期内涨跌的能力，低买高卖，波段操作，看起来很美，但很容易迷失在波段中，陷入亏损或者牛市不赚钱的情况；另一方面，股票投资者的收益率分布不是均衡的，错过股价上涨最多的几个交易日，可能就会让一个10年10倍的投资机会变得平庸。满仓就相当于是股市中的死多头，股票分红也会买入股票再投资。只要投资有意义，投资优质企业（或选择投资宽基指数），在较长的投资期限内，满仓就是最安全最保守的策略。

然而，对于那些对股价波动的承受能力较低的投资者，满仓可能就是激进的策略。这时候，定投就显示出其独特的优势。

以基金定投为例。基金定投是指按相对固定的周期和金额，在固定的时间买入挑选好的基金，定投可以忽略购入时机的选择，无须考虑自己的入场时机是否恰当。定投有时候看起来买在高位，有时候买在低位，但总体平均下来的购买成本较低。基金定投不仅解决了买入的时机问题，更重要的是能帮助投资者在市场短期波动面前保持淡定，以获取投资的长期价值。

不管是定投股票、指数还是基金，定投其实是一种“懒人投资法”。相比满仓，定投同样放弃了对短期股价涨跌的预测和判断，但在牛市里，定投的移动平均成本要比始终满仓的成本要高，所以在牛市里，定投的年化收益率要低。但在熊市中，定投由于在下跌中买入，降低了成本，亏损也较少。股市是国家经济的晴雨表，虽然股价短期不可预测，但长期趋势是上涨的，在较长的投资期限内，同样一笔成功的投资，更加保守的定投的长期收益率要低于满仓投资。

和所有的投资一样，满仓和定投的前提也是选择好的投资品种并长期持有。满仓与定投只是投资方式的不同，其本身并没有绝对的优劣，选择何种投资方式取决于投资者的自身情况。对于风险承受能力较强的投资者来说，满仓持有是个长期制胜的“保守策略”，对于不希望看到满仓下跌的损失厌恶性投资者，定投可能是更好的选择。在实际操作中，有时很难把满仓和定投完全分开，把每年的工资和奖金收入一次性投入股票账户中，既是满仓投资，也是一种定投。

在长期的投资期限内，投资收益来源于企业的价值创造，超额收益来源于买到优秀企业的股票。择时，选择买卖时机在任何时候都只是一种辅助手段。能买得便宜点，卖得高点，有时是借助于周期感，有时纯粹是运气。很多人缺乏对周期的认识能力，但却自信认为自己能抄底或者逃顶，希望在任何阶段都获得相对好的收益，这种择时策略其实是一种很贪婪的投资方法，往往事与愿违。

三大择时法则，巴菲特最推崇的是钻石法则，最喜欢的是黄金法则中的满仓状态，实际上做到的是白金法则。巴菲特利用自己的超长投资期限优势，在股价便宜时买多些，在股价严重高估时减少出手，但股价再疯狂也不会轻易卖掉手中的优质股票，除非这个股票在很长的时间内的投资价值低于机会成本。他的投资期限足够长，股价在持股期间的涨跌只是个过程而已，只要最后的结果是好的，他并不在意中间的波动。

第九章

复利的迷雾

复利公式：本金、收益率和时间三位一体

芒格告诫投资者："复利是世界第八大奇迹（爱因斯坦），不到必要的时候，别去打断他。"[①] 富兰克林说："别忘了金钱拥有强大的繁殖能力，钱能生子，而钱子又能生更多的钱孙。"

复利的数学基础是指数级增长，即一个变量，从某一时间点，在一段计算周期内，以固定的比例增加。当这个固定的比例为100%时，就是我们所说的几何级数增长。随着时间的推移，计算收益周期的期数增加，复利体现出巨大的威力。日常生活中的增长

① 彼得·考夫曼编，李继宏译，《穷查理宝典》，中信出版集团，2016年7月出版，第99页。

大多是算数级增长，人们对指数级的增长或几何级数（翻倍）的增长并不熟悉。

飞机、汽车的行驶距离，人类年龄增长，新大楼的建成高度，工资收入等属于算数级增长或线性增长；GDP，人口繁殖，投资账户资金等属于指数级增长；池塘中绿萍的覆盖面积，纸张连续对折后的高度属于几何级数增长；疫情暴发期的传染人数增长，没有天敌的啮齿动物繁殖数量的增长速度甚至超过100%。

投资复利公式：最终收益=本金*（1+收益率）^时间。

投资复利的理论基础是时间价值理论，又称“滚雪球”。投资中有公开记录、时间最长的复利机器当数巴菲特和芒格守护的伯克希尔哈撒韦的市场价值增长。1965年后，经历超过半个世纪的复利增长，伯克希尔哈撒韦的市场价值累计增长数据如图5所示。

1965—2021年，伯克希尔哈撒韦每股市值的复合年增长率为

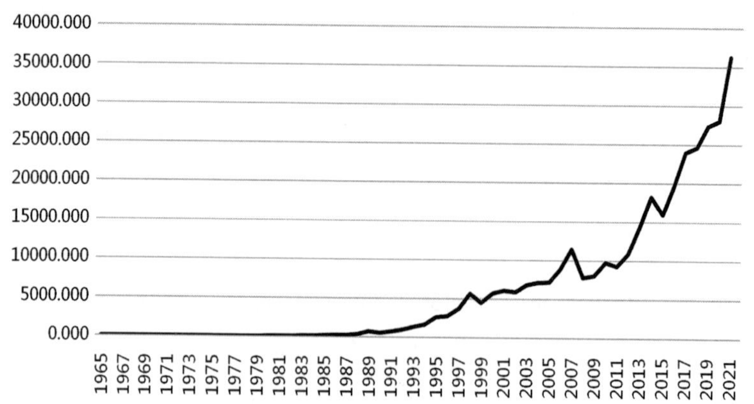

图5　伯克希尔哈撒韦股价累计增长（倍）

数据来源：股价增长数据来源于2021年伯克希尔哈撒韦年报。

20.1%，大幅超过标普500指数（含分红）的10.5%，57年间伯克希尔哈撒韦的市值累计增长率是令人吃惊的36 416倍，而标普500指数为302倍。每年不到9.6%的收益率差距，经过57年的复利增长，总收益率相差100倍多。图5本来要把伯克希尔哈撒韦的股价增长和标普500指数增长放在一张图上，因为数值差异太大，标普500指数的图形显示起来像一根平坦的直线。

虽然1990年前伯克希尔哈撒韦的股价看起来像平坦的直线，但实际上最快速的增长就发生在1990年前。1990年前股价增长539倍，相当于26年间增长500多倍；到2000年股价增长5735倍，相当于11年间又增长10倍多；2021年增长36 000倍，相当于12年间增长了不到7倍。

20.1%的年复合收益率，57年，复利达36 000多倍，这就是复利的神奇魔力。越滚越厚的雪球，每多1年的增长，都会带来累计收益的巨大差别。2021年伯克希尔哈撒韦累计总回报是3.6万倍，1年前的2020年总回报是2.8万倍。

在复利公式中，本金、收益率和时间三位一体，每个因素都很重要。时间（或整个投资期限）可以看成由多个时间计算周期构成，在每个时间计算周期内，复利是本金、收益率和时间的乘数关系，乘法交换律决定3个因素同等重要。但在整个投资期限内，收益率更为重要，时间（时间计算周期）虽然是幂函数，但实际上代表的是（1+收益率）的累乘，也就是说时间需要通过收益率发挥作用。时间重要之处在于它能让上一时间计算周期产生的收益继续产生投资收益，利滚利，在多个时间计算周期中滚下去，这是理解复利的关键。

本金是先天的条件，收益率是后天努力，而时间最为公平，只要你意识到投资期限长的重要性，投资开始得越早，复利越高。本金对总收益的影响和时间没有关系，本金在复利公式中只乘一次。在先天条件差不多的情况下，投资者提高收益率最为重要，毕竟复利是根据收益率滚雪球，收益率细小的差异，也会随着时间计算周期的增加，对最后的总收益影响巨大。如果收益率是负的，时间积累甚至会导致财富的消亡。

本金能“买”到额外的时间

初始本金是投资者的资源禀赋，每个人都不同。初始资金是100美元还是100万美元，假设同样是年复合20%的收益率，不管过多少年，两者的最终财富始终相差1万倍。

巴菲特出生于1930年，21岁时就存了1万美元。当他1957年从老师格雷厄姆的公司离开创立合伙基金时，已经累积了15万美元的个人财富，巴菲特开玩笑称自己在当时就是个有钱人了。当1969年结束合伙基金时，凭借优秀的投资收益率和25%的超额收益提成（超过6%后按25%提成），巴菲特拥有了2500万美元的财富。1969年就拥有2500万美元绝对已经是全美国最富有的人之一。正是凭借着这2500万美元，巴菲特开启了伯克希尔哈撒韦的投资复利机器，走上了伟大的、具有传奇色彩的滚雪球之路。

按照复利公式，假设20%的年复合收益率，10倍的本金能给你带来接近13年的时间优势。也就是说，只要你的本金（不管是继承的，还是靠工资奖金挣来的）是别人的10倍，你的财富优势总是领先别人13年。反过来也成立，如果你觉悟早，即使你的本金只有别人的十分之一，13年后，这个巨大的鸿沟也将得以弥补，你和初始资本是你10倍的人在13年后站在同一起跑线。

毫不夸张地说，巴菲特的巨额本金给伯克希尔哈撒韦复利机器提供了巨大的领先优势，相当于买到了额外的时间。假设巴菲特1969年时只有250万美元本金（也非常惊人了），他现在的财富是100多亿美元，远远排不到2021年美国前五富豪的千亿美元的级别。同样超长和超高投资收益率，不同的初始本金，最终财富和影响力不可同日而语。

本金相差10倍，复利也相差10倍。所以，钱少的人风格更为激进，因为他们知道他们的本金有限，如果按照平均收益率，他们永远还是相对意义上的穷人。对于有较多收入或初始财富积累的投资者，他们的目标应该是长期投资，争取获得平均收益回报，轻易不要打断复利机器，慢慢变得更富（含着金钥匙出生的人在积累财富上具有先天的优势）。

巴菲特在一次股东大会上告诫投资者，储蓄最好从年轻时就开始，因为你有了真正的家庭后，储蓄就变得困难了，因为不管你喜欢还是不喜欢，支出随之而来。所以，早点开始存钱吧，有很多习惯，而早点存钱绝对是个好习惯。投资大师罗杰斯也说过，投资者首先要学会存钱、积累资本。财富并非与生俱来，特别是年轻人，他们手中的资产十分有限，投资者应该先努力工作，通过工作上的成功积累资本。

时间计算周期划分越短，复利越大

复利公式中，本金因子要求早储蓄，时间因子则要求早投资，尽量不要中断复利过程，投资期限越长，复利越大。

复利公式中，时间计算周期的划分也很重要。复利的计算周期不一定是一年，也可以是按季度、月、日。根据复利公式，时间计算周期划分得越短，意味着复利的计算次数增加，相应的复利也越大。如果计算周期是一年，利息一年内复利一次。如果复利的计算周期是一个季度，利息一年内要复利4次。如果计算周期是一个月，利息在一年内要复利12次。计算周期划分得越小，复利计算次数越多，实际收益率或利率就越高。

例：假设一笔利滚利的高利贷，本金10 000元，贷款5年，年利率12%。

如果每年复利一次，其本金和利息总额为10 000×（1+12%）^5=17 623元，其中利息7623元。

如果每季复利一次，每季度利率=12%/4=3%，复利次数=5×4=20，其本金和利息总额为10 000×（1+3%）^20=18 061元，其中利息8061元。

如果每月复利一次，每季度利率=12%/12=1%，复利次数=5×12=60，其本金和利息总额为10 000×（1+1%）^60=18 167元，其中利息8167元。

以每月利滚利为例，借贷者实际负担的利率=（18 167/10 000）^（1/5）-1=12.68%，比名义年利率高68个基点。

收益率的细微差别影响巨大

复利机器中，本金少的人已经输在起跑线上。如果起跑线一样，复利机器跑得慢的，必然是收益率出现了问题。

复利的神奇之处就在于利滚利，一个好的投资经过多个时间计算周期的复利计算之后能爆发出惊人的力量。而复利的精妙之处则是，细微的收益率差别能带来巨大的最终收益差异。

巴菲特在2019年致股东的信中举了一个例子："到今年（2019年）3月11日，是我首次投资一家美国公司77周年的日子。那一年是1942年，我11岁，我全身心投入，投资了114.75美元，这是我六岁时开始积攒的。我买的是3股城市服务公司（Cities Service）的优先股。我成了一个资本家，感觉很好。""让我们用数字来说明：如果我的114.75美元被投资在一个无佣金的标普500指数基金上，所有股息都进行再投资，经过77年，到2019年1月31日，我所持股份的价值（税前）将增至606 811美元。这相当于每1美元赚了

5288美元。与此同时，当时一家免税机构，比如养老基金或大学捐赠基金的100万美元投资将增加到53亿美元左右。让我再加上一项我相信会令你震惊的计算：假想这家机构每年向投资经理及顾问等各类‘帮手’支付1%的资产，其最终收益便会减少一半，只能增至26.5亿元。这就是77年时间里，当标普500指数实际上实现了11.8%的年回报率，再用减少1个百分点的10.8%增长率重新计算时所发生的事情。”巴菲特在信中还回顾了他77年的投资历史，再次重申伯克希尔哈撒韦的成功在很大程度上只是“美国顺风”的产物。

巴菲特举的这个例子微言大义，短短几句揭示了投资的很多道理：77年投资，每1美元赚了5288美元，体现了复利的神奇之处和长期投资的力量；1%的投资成本，77年少赚了一倍，复利的精妙之处，也说明了降低投资成本的重要性；投资标普500指数加股息再投资，说明股息再投资是投资总收益的重要来源之一，是复利不可分割的一部分；投资指数，被动投资也能获得巨大成功；免税机构，说明投资相关的税收和投资成本一样，侵蚀最终投资收益；11岁投资，说明投资越早越好；这笔投资发生在1942年3月11日，美国处于“二战”时期最困难的境地，说明即使是战争也不能降低投资股市的重要；6岁就开始赚钱，早储蓄，早积累投资本金；伯克希尔哈撒韦的成功是“美国顺风”的产物，说明国家是时间河流上的行船，企业也是时间河流上的行船。

仅仅1%的投资成本，经过数十年的复利，就形成最终回报的巨大差异。投资者经常忽略投资成本问题，要知道，即使是成本较低的公募股票型基金，一年管理费也有1.5%。

小心复利的滥用

复利有着神奇的魔力，但也不能过于神话。复利公式本身只是个客观的计算公式，输入什么就输出什么。有人痴迷于复利带来的长期回报，而忽视了当前的必要消费和支出，有时会得不偿失。正所谓，延迟满足很重要，但不能做得太过。还记得前面讲的地主和长工的故事吗？很可能出现的结局之一就是长工在获得地主所有财产前就饿死了。

复利在投资中经常会有意或无意地被滥用，一不小心，你就可能被带到复利陷阱中。

如果能记住下面几个数字，会对你非常有帮助，需要的时候信手拈来，既显得你熟悉复利，又不会轻易被别人忽悠：投资回报10年1倍，年复合收益率为7.18%；10年10倍，年复合收益率为25.89%；100年100倍，年复合收益率为4.71%；77年1倍，年复合收益率为1%。

1999年12月31日，道琼斯指数收盘11 497点。如果有人大胆预测，到21世纪末，道琼斯指数将涨到100万点，你千万不要露出惊讶的表情。到2099年，道琼斯指数登上100万点，只需要每年上涨4.57%即可。实际上，上个百年的1899年12月31日到1999

年12月31日，美国道琼斯指数从66点攀升至11 497点，相当于年复合上涨5.3%。如果按照20世纪的年复合涨幅，到21世纪末，道琼斯指数将以201万点收盘。

保险公司的销售人员在推销寿险产品时，会引导你关注未来数十年后的每年现金流入，而忽略实际年复合回报率。传销骗术则利用几何级数的复利奇迹，鼓励下线继续发展下线，金字塔式层层赚取下线的提成，当能骗的人都被骗进去了，几何级数增长戛然而止，复利奇迹的骗术也就玩不下去了。

经常听到一种鸡汤式的说法，说巴菲特大部分的钱是50岁之后赚来的，这句话正确但很有误导性。任何人，如果有20%的复合收益率，翻倍只需要不到4年时间，翻10倍只需要不到13年时间。所以，对于今年91岁的巴菲特，这个说法也可以说成巴菲特半数以上的财富是87岁后赚到的，或者说绝大部分财富（90%）是78岁之后赚的。事实上，按照复利公式，如果需要赚到巴菲特1000亿美元以上级别的财富，初始资金、高复合收益率和足够长的投资期限（长寿）都是缺一不可的，简单地用复利公式推算显得过于简单了。

复利的奇迹不仅适用于投资，也适用于一切复合增长的事物，包括人口，动物繁殖，资源消耗量，等等。和投资一样，在这些领域，一些看似很科学的研究，照搬复利公式，如果其公式的输入端数据不可信的话，输出端的结果往往很是骇人听闻，容易陷入复利陷阱。

1972年，由“罗马俱乐部”赞助的报告《增长的极限》展示了，如何披上科学的外衣一本正经地滥用复利，不检验模型复合增长是否合理，最后导致惊人的或不可思议的结论。马尔萨斯在1798年提出著名的人口理论，其中一个重要假设就是人口的增殖比生活资料增长的要快，人口是按几何级数增长的，而生活资料则只按算术级数增长。《增长的极限》延续了马尔萨斯的理论假设，但不同的是，设计了极为复杂的系统动力学模型，通过计算机进行系统分析，认为如果资源使用量按照2%的温和增长率计算，人类的资源将在110年后耗尽。按照增长模型，世界的生活标准将在1990年达到峰值，然后不可逆转地下降。

到目前为止，马尔萨斯的人口理论已经被证明是错误的。人口增长并不是一直指数级增长的，生活水平提高会导致人口增长率下降。大部分发达国家和中等发达国家目前人口的自然增长开始停滞，甚至为负数。地球的总人口也将很快迎来总量峰值。同时，人类科技进步和社会生产力的发展，大大提高了资源的供应总量和可选择范围。如果把国内生产总值（GDP）看作生活资料规模，到目前为止，其实生活资料的供给都是指数级增长，并没有看到停滞的迹象。《增长的极限》引入了更复杂的模型，但和马尔萨斯的人口理论一样，他们的复合增长模型，在合理性和历史数据上都无法验证，只会推导出“垃圾输入，垃圾输出”的不可靠结论。

打断复利进程的投资陷阱

在时间的加持下，复利具有巨大的威力，但复利并不容易获得。前面章节讲过，不是每个人都愿意慢慢变富，也不是每个人一定能慢慢变富的。拥有的本金太少，收益率低或者投资期限短，这些制约条件只要出现一个，复利机器的魔力就会大打折扣。芒格说："理解复利的力量和获得复利的难度是理解很多事情的核心和灵魂。"①

持续创造价值的优秀企业（意味着稳定的投资收益率）是时间的唯一朋友，复利是正收益率的复利。在通往成功投资的路上布满荆棘，即使你找到了时间的朋友和你同行，但投资路上还有很多敌人和陷阱。下面这些敌人和陷阱非常具有隐蔽性和诱惑性，一不小心就会打断你的复利机器，让你的慢慢变富之路变得坎坷不平。

第一，交易费用。

第一个陷阱是为了战胜大盘或者追求高收益而频繁交易。许多投资者对收益率期望过高，10%或20%的复合收益率他们都看不上，他们对自己手中的股票缺乏耐心，希望自己持有的股票天天上涨，几天不涨就会切换到其他的"牛股"。但这类投资者往往事与

---

① 彼得·考夫曼编，李继宏译，《穷查理宝典》，中信出版集团，2016年7月出版，第98页。

愿违，频繁交易不仅让他们承担了过高的交易成本，而且会因为错误的择时而遭受损失。

与股票价格的波动性相比，每年2%～3%的交易佣金或管理成本看似不多，对每年能赚20%～30%年收益率的投资者来说，这笔费用似乎也只占很小一部分，但正如前文所述，长期投资期限下，微小的收益率差异在复利计算后的最终收益差别极大。简单计算就知道，同样30年的投资，一笔投资要支付2%的交易费用或管理费用，一笔投资没有交易费用或管理费用，后者30年后的最终投资收益要比前者增加81%。如果交易费用是3%，后者的最终收益要比前者增加143%。

巴菲特一直对投资者需要承担过多的交易费用颇为不满，他曾经打过一个比方：如果我们只是在一间小房子里交易，我们就可以规避交易费用，因为这里没有经纪人来收取每笔交易的佣金。真实世界里，投资者总是喜欢换“座位”，或者，至少咨询一下是否应该换座位。无论如何，这都会是一笔开销，而且是一笔很大的开销。换“座位”的费用（称为交易费用）涵盖的内容相当广泛，比如做市商的差价、佣金、认购/申购产生的销售费用、管理费、保管费和包装费，甚至还有订阅金融出版物的费用。股票投资者在计算回报时，必须扣除高昂的交易费用。1998年，《财富》500强企业辛辛苦苦为投资者赚了3340亿美元，投资者却拱手将其中的1/3（约1000亿美元的交易费用）送给了各种各样的咨询和“帮助”机构。在这之后，《财富》500强企业的股东们用他们10万亿美元的投资只获得了不到2500亿美元的回报。在我看来，油水已经太少了。[①]

税收也是广义上的交易费用的一部分。伯克希尔哈撒韦通过长期持有股票，递延缴纳资本所得税，提高了长期的复合收益率。(递延税款和浮存金一起构成伯克希尔哈撒韦无成本财务杠杆的主要来源，大约1.6倍财务杠杆）在《穷查理宝典》中，芒格提到过“税收效应”并进行了演算。“如果你们打算进行一项为期30年、年均复合收益为15%的投资，并在30年到期后缴纳35%的所得税，那么，你们的税后年均复合收益是13.3%。与之相反，如果你们投资了同样的项目，但每年赚了15%之后缴纳35%的所得税，那么你们的复合回报率将会是9.75%（15%-15%×35%=9.75%）。所以两者相差超过了3.5%。而对于为期30年的长期投资而言，每年多3.5%的回报率带来的利润绝对会让你们瞠目结舌（是每年交所得税后投资收益的2.81倍）。如果你们长期持有一些伟大公司的股票光是少交的所得税就能让你增添很多财富。对于个人而言，做到长期持有几家伟大公司的股票而什么都不用做有许多巨大的优势：你付给交易员的费用更少，听到的废话也更少，税务系统每年还会给你1%—3%的额外回报。”[②]

① 卡萝尔·卢米斯编，张敏译，《跳着踢踏舞去上班》，北京联合出版公司，2017年11月出版，第203页。

② 彼得·考夫曼编，李继宏译，《穷查理宝典》，中信出版集团，2016年7月出版，第226页。

第二，杠杆。

市场上有句老话："新手倒在追高上，老手倒在抄底上，高手倒在杠杆上。"

巴菲特接受采访时说："我的老搭档芒格说过，只有三种东西会让聪明人破产，酒精，女人和杠杆。很明显，他把前两个加进来只为了装装智慧，他真正想说的是杠杆。如果有人给你说他们东山再起，再度致富，我不会佩服他们，我会想着第一份财富去哪了？这是不合理的。借钱通过杠杆来致富也是不合理的，除非你急着赚大钱。（借钱）这会让你面临破产的风险，甚至给你的家庭带来莫大的压力。所以我不相信借钱炒股致富这事。"①

伯克希尔哈撒韦的股价长期表现极其稳健出色，但历史上仍然经历了4次大的下跌，分别是：1973年1月至1975年1月下跌59.1%；1987年10月2日至10月27日，下跌37.1%；1998年6月19日至2000年3月10日，下跌48.9%；2008年9月19日至2009年3月5日，下跌50.7%。巴菲特说："这个表格（伯克希尔哈撒韦股价历史上的几次重挫）为我反对借钱炒股提供了最有力的论据。因为完全无法预测短期内股票会跌到什么程度。即使你借的钱很少，你的仓位也没有受到市场下挫的直接威胁，但你的头脑也许会受到恐怖的媒体头条与令人窒息的评论的影响，从而惊慌失措，你就很难做出好的决定。"

---

① 根据巴菲特接受采访的视频翻译。

杠杆最大的问题是容错率非常低，在加了杠杆的情况下，股价的一次正常波动都可能导致投资人的财富成倍缩水，甚至清零。实际上，股价大幅波动是一种常态，股价要不就是涨得太多，要不就是跌得太多。正如凯恩斯说的："市场保持非理性状态的时间可能比你保持不破产的时间更长。"

市场上任何事情都可能发生，明天就可能会发生，甚至市场随时都可能被关闭。第二次世界大战前后，德国股市先后关停接近6年。最近的例子，2022年2月24日，俄罗斯宣布在顿巴斯地区开展特别军事行动后，俄罗斯股市RTS指数当天一度下跌接近50%，收盘下跌38.3%，第二天俄罗斯宣布暂停股市交易，2002年3月24日，关闭1个月后，俄罗斯股市才重新开市。

不只是普通投资者，即使经验丰富的"投资高手"也会在过高的杠杆上栽跟头。杠杆投资导致"投资高手"遭遇滑铁卢的最经典例子莫过于1998年长期资本公司的倒闭。在1998年俄罗斯金融危机爆发前夜，长期资本的杠杆比率高到惊人的100∶1，金融市场一次小概率的非预期波动就击垮了长期资本管理公司。长期资本管理公司拥有不可思议的高智商投资团队（包括两个诺贝尔经济学奖得主），团队所有人在业界有着大量的实践经验。巴菲特说："如果我要写本书的话，书名就是《为什么聪明人净干蠢事》，我的合伙人说那本书就是他的自传（芒格因为经常用杠杆，他们经常拿这个开玩笑）。我和（长期资本）那16个人没有任何过节，他们绝不是坏人。但是他们为了挣那些不属于他们、他们也不需要的钱来冒险。”[①]

一辆全速奔跑的汽车，在遭遇任何极小的坑洞或突起时，都足以带来车毁人亡的结果。投资也一样，杠杆将投资者置于脆弱的境地，投资者首先要保证活下去，而不是杠杆之下的快速暴利。

第三，做空。

做空可以从股价下跌中赚钱，在发达的金融市场，对冲基金等机构投资者经常会使用做空这个金融工具。但做空和长期投资格格不入，不利于复利机器的稳定运行，某种意义上也是长期投资路上的敌人。

李录曾介绍自己早期做多空对冲的经历，认为做空不适合长期投资。原因有三：一是做空的利润上限是100%，但损失的空间几乎是无穷的，正好和做多相反；二是做空一般要通过借债来完成(有期限和保证金限制)，即使做空的决定完全正确，但如果做空的时机不对，做空者也会损失惨重；三是最好的做空机会一般是各种舞弊和欺诈情况，但舞弊和欺诈一般都会被掩盖很久，需要很长的时间才会败露。最好的例子就是麦道夫的骗局持续几十年才被发现[②]。

做空需要占用大量时间和精力，投资者需要随时关注市场的起落，不断交易。李录发现，虽然通过做空后，组合的波动性倒是小

---

① 巴菲特1998年在佛罗里达大学商学院演讲。

② 李录，《书中自有黄金屋》，《穷查理宝典》(彼得·考夫曼编，李继宏译）中文版序言，中信出版集团，2016年7月出版。

了很多，但业绩乏善可陈，关键是耗费了大量精力，没有时间真正去研究一些长期的投资机会。

做空本质上是一次性的投资机会，而且也不适合大资金运作。巴菲特在1998年曾说过，他在投资生涯早期阶段曾经数百次做空，钱很好赚，但缺点是价格时刻变动，需要守在办公室时刻进行交易，而且是一次性的赚钱机会，资金量大后就很少做了。

相比长期投资理念，做空具有非常强的诱惑力，因为股票市场遍地是黄金的机会少之又少，大部分上市公司的股价在大部分时间里都是偏高估的状态。对于那些特别自信，自认为对某个行业或者某个公司有着深刻理解的投资者而言，做空往往是“冰与火之歌”，是个充满诱惑的投资陷阱，大部分投资者很难支撑到股价真正开始下跌的时候。另外，做空也往往和发布虚假信息、股价操纵等丑闻联系在一起，所以，真正的长期投资者、价值投资者很少会去做空某个股票，而是把精力放在寻找具有长期投资价值的股票上。

第四，即时满足。

“懂得量入为出，就是懂得炼金术。”（If you know how to spend less than you get，you have the Philosophers-stone.）[①] “省一分钱就是赚两分钱。”（A penny saved is two pence clear）。[②]

---

① 本杰明·富兰克林著，邱振训译，《穷查理年鉴》，台湾柿子文化事业有限公司，2011年9月出版，第52页。

② 本杰明·富兰克林著，邱振训译，《穷查理年鉴》，台湾柿子文化事业有限公司，2011年9月出版，第54页。

20世纪60年代，斯坦福大学的沃尔特·米歇尔教授，设计了一个著名的延迟满足实验，也即著名的“棉花糖实验”：一群3—6岁的孩子，每个人都单独待在一个房间里，房间里桌子的托盘上摆放着糖果。研究人员告诉孩子们，如果现在不吃糖果，坚持15分钟等研究人员回来后再吃，可以得到额外奖励的一颗糖果；也可以现在立刻吃掉糖果，但15分钟后就没有额外奖励。研究人员对参与实验的孩子进行了后续的跟踪研究，他们发现那些可以抵制糖果诱惑、得到奖励的孩子，多方面比同龄的孩子表现优秀，在成年后考试成绩更好、社会适应力也更强。这个实验后来遇到很多争议，一些升级的实验版本也指向了不同的结论。“棉花糖实验”能一定程度上证明“延迟满足”和未来的优秀表现有某种相关性，但并不一定是因果关系。

从投资的复利公式角度看，延迟满足，尽早储蓄确实能为投资者带来更多的回报。张磊说：“做时间的朋友，需要极强的自我约束力和发自内心的责任感。在多数人都醉心于‘即时满足’的世界里时，懂得‘延迟满足’道理的人，已经先胜一筹了。”[①]

《贫穷的本质》一书提出了“贫穷陷阱”的概念。[②] 作者阿比吉特·班纳吉和埃斯特·迪弗洛认为，对于几乎无钱可投的人来说，一旦收入或财富迅速增长的范围受限，那么他就会掉入“贫穷陷

① 张磊著，《价值》，浙江教育出版社，2020年9月出版，第154页。

② 阿比吉特·班纳吉、埃斯特·迪弗洛著，景芳译，《贫穷的本质》，中信出版集团，2018年9月出版，第13页。

阱”；但对于有能力投入的人来说，这一范围（财富，资源）就会极大地扩展。班纳吉和迪弗洛认为，诱惑是生理需求（性、糖、脂肪类食品、烟等）的表现，关于诱惑的逻辑对于穷人或富人都一样，但后果对于穷人来说更为严重，富人无须担心多喝一杯茶就会花掉自己辛苦赚来的钱。穷人真正期望拥有的很多东西（如一台电冰箱或一辆自行车，或是自己的孩子上一所更好的学校）都较为昂贵，而他们的手中只有一点点钱。结果就形成了一个恶性循环：对于穷人来说，存钱的吸引力更小，因为在他们看来，目标太遥远了，而且他们知道一路上会遇到很多诱惑。为了每周或每月都能存下钱，穷人需要一次又一次地克服自我控制问题。然而，自我控制就像一块肌肉：我们用这块肌肉时就会感到劳累，因此穷人很难存下钱也就不足为奇了。我们可以预见到，富人会根据其目前的资本净值存下更多的钱，因为今天的存款是明天的资本净值的一部分。穷人存的钱较少，因此他们的未来资源一般也较少。随着人们变得越来越富，他们就会存下越来越多的资源。这也就意味着，富人比穷人拥有更多的未来资源。①

班纳吉和迪弗洛在书中还介绍了一个成功摆脱“贫困陷阱”的例子。一名叫威克利夫·欧迪诺的农民在收割之后，他总是针对是否买化肥做出决定。如果收成足以支付学费及一家人的口粮，他就

① 阿比吉特·班纳吉、埃斯特·迪弗洛著，景芳译，《贫穷的本质》，中信出版集团，2018年9月出版，第221—222页。

会立即卖掉余下的农作物，用这笔钱购买杂交种子；如果还有多余的钱，他就会用来买化肥。欧迪诺会将种子和化肥储存到下一个耕种季节。他向作者解释说，他总是提前购买化肥，因为他知道，钱放在家里根本存不住。他说，只要钱一放在家里，就总会有事情发生，钱就会被花掉。作者问欧迪诺，如果他买了化肥而家里有人生病了，他是否会以亏本价卖掉化肥。他的回答是，他觉得没有必要卖掉化肥。相反，他会重新评估事态的紧急程度，如果实在需要花钱而手中没钱的话，他会杀一只鸡或是兼职做自行车出租司机（他在农闲时也会做这样的兼职）来赚钱。欧迪诺认为，努力找到一种可选的解决方案，而不是花掉家里的钱，这样做更有效。[①]

威克利夫·欧迪诺有余钱就投资（买种子和化肥），避免了存钱难的心理和生理诱惑，面对必需支出，就努力扩大自己的收入范围（兼职）或克制消费（杀鸡卖掉）。开源节流，延迟满足，威克利夫·欧迪诺攒下了宝贵的资本，保证了每年耕种季都有足够的种子和化肥，为走出“贫困陷阱”创造了条件。

前文已经讲过，延迟满足有利于尽早积累资本，开启投资的复利机器，但延迟满足也不能做得太过，否则就得不偿失。投资的终极目标是增强自己的消费能力，而不是为了投资而投资，很多年轻时的必要花费都是不能节省的。

① 阿比吉特·班纳吉、埃斯特·迪弗洛著，景芳译，《贫穷的本质》，中信出版集团，2018年9月出版，第215—216页。

第五，通货膨胀。

交易佣金、管理费和税收都是直接从投资者的投资收益中扣除，通货膨胀对于投资者而言是一项隐形的成本，会影响投资者投资收益的实际购买力。

自从货币出现，通货膨胀就挥之不去，一路相随。现代中央银行主导的货币制度下，货币政策的主动性增强，通货膨胀越来越成为普遍现象。不用说那些经济崩溃，货币政策失控的国家，就是经济高度发达稳定的美国，通胀导致的货币购买力下降的程度也是惊人的。

巴菲特曾测算过，自从1965年收购伯克希尔哈撒韦开始到2012年，47年时间，美元的购买力贬值程度达到86%，平均每年贬值4.3%。1965年的1美元能买到的东西，在2012年需要7美元。不考虑税收，47年时间里，你每年的投资回报需要达到4.3%才能保证你的财富或者投资购买力与47年前持平。如果资本利得税为25%，你的投资需要年复合回报率5.7%才能保值。[①] 美国前总统罗纳德·里根（1978年）形容通货膨胀："如劫犯般暴虐，如持枪强盗般恐怖，如杀手般致命。"

通货膨胀其实是一种隐形的特殊税收，米尔顿·弗里德曼说它是"隐藏税"。对于一个以5%利息率在银行存款的投资人来说，

① 卡萝尔·卢米斯编，张敏译，《跳着踢踏舞去上班》，北京联合出版公司，2017年11月出版，第390页。

零通胀时的100%所得税和零所得税时5%的通胀率是一样的。

通货膨胀不仅对现金和银行存款、国债等固定收益类资产不利，对股市也是不利的。长期以来，人们有一种普遍认识，认为股票能像房屋土地一样对冲通货膨胀，因为股票不仅以货币计价，而且代表着企业所有权，属于实体经济，在成本转移顺畅的情况下，收入和成本的差额甚至能扩大。但实际上，企业可以看作是经营实体资产的一个流通体，各种资源、生产要素以企业的形式组合生产，目的是卖出商品。当通货膨胀严重时，居民的收入水平跟不上物价水平，购买能力下降，企业的销售收入也会下降。所以，通货膨胀可能短期内对定价能力和成本转移能力强的，或者土地、资源品较多的企业影响不大，甚至有利，但长期看，严重通货膨胀对所有正常经营的企业一样有害。

20世纪70年代，全球石油危机导致美国通货膨胀问题非常严重。1977年，巴菲特在《财富》杂志撰文，分析了第二次世界大战后美国道琼斯工业平均指数成分股的净资产收益率，总体来看，这些大企业的净资产收益率均值在12%左右变动。在通货膨胀严重的年代，净资产收益率也没有大幅超过这一水平，物价稳定时也差不多是这个水平。巴菲特认为，股票所有者或者企业的股东，长期看获得的是一个税前回报率在12%左右的“股票息票”[①]。所以如果

① 卡萝尔·卢米斯编，张敏译，《跳着踢踏舞去上班》，北京联合出版公司，2017年11月出版，第12页。

通货膨胀严重，12%收益率的“股票息票”的购买力同样下降。

和频繁交易、杠杆投资等不同，通货膨胀是投资者个人无法影响的外部因素，面对通货膨胀，投资者都是被动的受害者。在2022年股东大会上，巴菲特回答投资者关于在通货膨胀情况下如何投资的问题时说：“通货膨胀损害一切投资者，包括股票、债券和现金持有人。高通胀下最好的投资是投资自己，做最好的自己，做最擅长的事情，就能抵御通胀。”

第十章

长期主义被滥用了吗

如今，人人把价值投资奉为圭臬，推崇长期主义，要做时间的朋友，长期主义大有被滥用之嫌。2022年初，国内股市流传一个段子，说一个投资大户，一年前就开始模仿巴菲特：喝可乐、吃汉堡、坚持简单生活、每天坚持阅读，践行价值投资，重仓中国平安、格力电器、恒瑞医药等白马股。到了2022年底，他除了投资亏损70%，资产从1000万元变成了300万元以外，其他都像巴菲特。

一些吃瓜群众，看到一些秉持长期主义的知名投资人在某些行业卖了又买，甚至清仓了要“永不退出”的某行业股票，就嘲笑长期主义变成了逃跑主义，长期主义只是口头上的幌子。

长期主义是不是被滥用了？作者认为，长期投资知易行难，需要辩证看待长期主义，辩证看待价值投资：

第一，长期主义和价值投资不能画等号。

长期主义是价值投资的核心内容之一，长期投资和价值投资往往结合在一起，价值投资一般需要较长的投资期限来实现。但价值投资不一定就等于长期投资，有些成功的投资，因为环境和条件的改变，很快就能兑现投资价值。而有些错误的投资，即使你长期持有，也不能带来投资收益。当企业基本面发生变化时，不具有投资价值，就需要及时认错卖出。如果你还坚持长期持有，就已经不是价值投资了。真正的价值投资者，没有什么是不能卖的，也没有什么是非要持有多长时间才能卖的，一切基于企业的内在价值的变化而变化。所以，大多数情况下，价值投资者的持股时间短并不代表放弃了长期主义，可能只是因为刚开始时买入逻辑发生了变化，或者仅仅是因为看错了。

芒格说，过去几十年来，我们经常这么做：如果某家我们喜欢的企业的股票下跌，我们会买进更多。有时候会出现一些情况，你意识到你错了，那么就退出好了。但如果你从自己的判断中发展出了正确的自信，那么就趁价格便宜多买一些吧。[①]

巴菲特在二级市场上也经常换股，并不是每个股票都是买入就持有不动的。巴菲特在航空股投资上来回反复，虽然没亏什么大钱，却也没什么收益。1982年左右巴菲特买入迪士尼，2年不涨，

① 彼得·考夫曼编，李继宏译，《穷查理宝典》，中信出版集团，2016年7月出版，第128页。

他就卖出了，卖完后半年左右迪士尼股价就涨了一倍，他又高位买了回来。巴菲特看错眼的情况很多，这种买了又卖，卖了又买回来的反反复复的例子并不少见。不是每一个投资都是100%正确，也不是每一个投资从头到尾都有长期持有的信心。但在确定性机会出现时，巴菲特绝对不会小打小闹，比如1988年，拿伯克希尔哈撒韦三分之一的钱买了可口可乐，2016年350亿美元买入苹果公司总股本5%的股票。

有的时候，优秀的投资者出手仅仅是试探性建仓，等待进一步的观察，如果持仓信心不足，或者股票涨幅过快而失去投资价值，可能也就卖掉了之。细心观察李录管理的喜马拉雅资本的公开持仓变化会发现，大部分的持仓变化只是小规模的试探，一些成功的投资也就是1—3年，更像是波段投资。少数的亏损投资，不仅投资量不大，而且基本很快就清仓离开。真正做到重仓、长期持有的只有比亚迪港股，这也是给李录带来最大收益并一直持有的股票。

长期主义者不会因为追求长期投资，而继续持有失去投资价值的公司。同样，长期主义者也不会仅仅因为股价一时涨多了就卖出准备长期持有的股票，除非这个企业在很长的投资期限内失去了投资价值。巴菲特回购伯克希尔哈撒韦的股票就是个例子，巴菲特把自己公司的内在价值标在1.2—1.4倍PB。超过1.4倍，伯克希尔哈撒韦就进入合理估值或高估区域了，巴菲特就会停止回购。但巴菲特不会因为伯克希尔哈撒韦股价超过1.4倍，处于高估水平就卖掉伯克希尔哈撒韦，只是不买而已。同样的情况，巴菲特不会因为可口可乐、苹果等长期看好的股票在一段时间内股价涨多了些，就轻易卖掉。巴菲特2022年下半年开始卖比亚迪港股，说明巴菲特认为比亚迪的投资价值在相当长的时间内已经比不上这笔投资的机会成本了。长期主义者不会因为股价下跌就卖股票，也不会因为股价上涨得多就卖股票，始终在比较企业在其长期的投资期限内的投资价值和对应的机会成本。

第二，长期主义一定要10年起步吗。

持有期限多长算是长期投资也是没有定论的。巴菲特说："如果你不想持有一只股票10年，那你就不要持有它一分钟。"彼得·林奇也提出过10倍股（tenbagger）的理论，10年10倍是其投资目标。

但事实上，10年10倍只是个投资目标，敢于持有10年只是一种投资信心的表示。伯克希尔哈撒韦旗下企业稳定的现金流入为巴菲特提供了长期资金来源，但他也做不到个个10年起投。纵观巴菲特的二级市场持仓历史，我们发现，二级市场上，他持有时间超过10年的股票并不多，重仓投资超过10年的也就是持有了30多年的可口可乐、41年的华盛顿邮报和14年的比亚迪等寥寥数个。巴菲特的大多数持仓，持有期限都不到10年，甚至很多都短于3年。虽然，巴菲特的大部分投资没到10年，但没人说巴菲特不是长期投资者。

从复利的角度看，同一投资期限内，捕获一个10倍股和先后投资两个涨幅为3倍多的股票，或者3个涨幅100%多一点的股票的总收益率相差无几。但从难度上看，从头到尾投资一个10倍股更难，毕竟在同一投资期限内，涨幅曾经翻倍和涨幅10倍的股票个数相差可能不止10倍。这也解释了为什么投资者很难从头到尾坚守一个10倍股，而更愿意去不停地追寻翻倍股，或者3倍股的机会。从复利涨幅的角度看，10年坚守10倍股是长期投资，10年内换手数次，投资涨幅翻倍的股票也是长期投资。

这里澄清一个很多投资者认识上的误解，大部分投资者把巴菲特看成是股神，但实际上，巴菲特更准确的身份是上市公司伯克希尔哈撒韦的董事长，擅长于投资和资产配置。和伯克希尔哈撒韦历史上并购买入、长期经营的保险、能源、铁路3大业务相比，二级市场的投资（巴菲特称为参股业务）只是一小部分资产，二级市场最大市值持仓的苹果股票也仅仅排在第四位。所以，如果把巴菲特的所有资产看成一个投资组合，巴菲特是名副其实的超长期投资者。

第三，从一开始，价值投资者就做好了长期持有的准备。

长期主义者不是机械地长期投资，持仓时间根据企业估值和机会成本变化而变化，但价值投资者在准备投资的时候一定是做了长期投资的准备。巴菲特说："当我们拥有具备杰出管理层的杰出企业的股份时，我们喜欢持有的时间是永远。"[①]

第四，长期主义只适合投资期限长的投资者。

长期主义适合投资期限长的长线资金。巴菲特、芒格以一辈

---

① 沃伦·E.巴菲特著，劳伦斯·A.坎宁安编，杨天南译，《巴菲特致股东的信》，机械工业出版社，2018年3月出版，第139页。

子为投资期限，伯克希尔哈撒韦负债端稳健的经营性现金流入和100%的利润留存，为巴菲特坚持长期投资理念，追求长期机会提供了巨大的优势。个人投资者拥有投资期限长的优势，每个投资者都有条件成为长期主义者，长期投资，慢慢变富。

第五，价值投资长期有效，但并不时刻有效。

价值投资不是在任何时候都有效，尤其是市场在牛市中后期出现泡沫时，或者熊市后期股价过度下跌时，坚持价值投资显得和市场格格不入，价值投资者也会面临巨大的压力。长期看，价值投资是投资正道，长期、价值投资最终能获得丰厚的投资回报，但价值投资绝对不是每年都有效，有时市场价格偏离价值的时间会很长，很多不能坚持的人就慢慢偏离了价值投资的康庄大道。也正因为不是人人都能一直坚守价值投资，才给真正的价值投资者提供了优势。

巴菲特（1984年）说："我只能告诉你，早在50年前格雷厄姆与多德写出《证券分析》一书时，价值投资策略就公之于众了，但我实践价值投资长达35年，却从没有发现任何大众转向价值投资的趋势，似乎人类有某种把本来简单的事情变得更加复杂的坏习惯。"①

第六，价值投资、长期投资最终都需要靠卖出来实现价值。

永远持股的机会少之又少，即使是长期价值投资，最终也需要卖出兑现投资收益。林奇说："耐心固然是美德，但如果你持有盛

① 1984年，巴菲特在哥伦比亚大学纪念格雷厄姆与多德合著的《证券分析》出版50周年会议上的演讲。

年不再的股票，你的忍耐未必终有所获。”巴菲特说：“如果聚焦于好公司，那么要卖出公司的股票也就相当于是卖公司。两种情况下会卖，一种是好公司估值过于高估透支了未来的业绩增长，另外一种是发现了更为低估更好的机会。”①

2003年，巴菲特从4月份开始买入中石油H股，最终持有23.4亿股的中国石油股票，成为中国石油第二大股东。根据伯克希尔哈撒韦2003年年报，中国石油累计买入成本4.88亿美元，每股买入成本0.208美元，折合1.62港元。根据伯克希尔哈撒韦2008年年报，2007年7—10月中，在持有4年多时间后，巴菲特将持有的中国石油股份全部卖出，每股卖出价约为13.5港元，卖出总市值约为40亿美元，税前投资收益约为35.5亿美元，同时，在持股期间，伯克希尔哈撒韦共收到税后分红约2.4亿美元，4年半时间，总投资收益达到776%。

巴菲特在2007年致股东信中对清仓中国石油做出了解释：“2007年，两个因素使中国石油价值急速上升：原油价格大幅上涨；中石油的管理层在建立石油和天然气的储备上作了卓有成效的工作。2007年下半年，中石油的市值上升至2750亿美元，这是与其他石油巨头相比较合理的价格。于是我们以40亿美元将其卖出。”巴菲特在2008年召开的股东大会上继续解释：“油价到了每桶70—75美元，我的分析过程还是一样的，但是中石油的估值上升

① 1987年巴菲特致股东的信。

了（我对此感到担忧），我觉得中石油的价值在2750亿美元到3000亿美元之间。当时，中石油的市值正好在这个范围内，于是我们就卖出了。”

喜欢持股期限为永远的巴菲特为什么会卖出中国石油呢？答案是市场环境和油价上升快速提高了中石油的估值，只用了4年多时间，就实现了本来预期持有10年或更长的时间才能达到的企业价值，最佳的策略就是卖出兑现。

现实情况是，在2007年11月1日，巴菲特清仓卖出后不久，中石油H股股价创出了20.25港元的历史最高价，并开始一路下跌。截至2022年6月9日，中石油H股价格4.36港元。如果巴菲特从2003年持有中国石油至今，接近20年的时间，包括分红在内，年复合收益率低于5%，总回报低于2倍，远远比不上4年7倍的总回报和20%左右的机会成本（巴菲特20%左右的年复合收益率）。

巴菲特投资中国石油的例子，近乎完美地告诉了投资者如何辩证、灵活运用价值投资和长期投资理念。在巴菲特眼中，中石油是个很不错的公司，但远远谈不上伟大，凭借对石油行业的熟悉，基于极低的估值和优厚的分红回报率（安全边际），巴菲特果断出手，不仅买得便宜，而且卖的时机也非常好。持股4年多，在判断企业价值已经达到估值区间，并且在未来投资期限内也没有投资价值后（收益率低于机会成本），选择卖出，兑现收益。

第十一章

梭伦时刻

有一则关于古希腊政治家、诗人梭伦评价怎样才能称得上是幸福的故事：当梭伦游历到达小亚细亚的吕底亚国时，拜访了国王克罗伊斯。此时的吕底亚是一个非常富裕的强国，但对于主人的财富和宫殿的富丽堂皇，梭伦不以为然。克罗伊斯有些恼火，于是带着梭伦参观了自己丰富的藏宝，并问梭伦这个世界还有比他更幸福的人吗？梭伦说了一个有着崇高的信誉、为保卫祖国英勇牺牲的雅典英雄的名字。国王不以为然，继续问，梭伦又说了两个兄友弟恭、孝敬父母，得到大家一致赞美，最后安详死在神庙的两个平民的名字。克罗伊斯终于忍不住了说："难道我不就是那个最幸福的人吗？"

梭伦答道："任何境遇都跟随着数不胜数的不幸。这种认识就禁止我们因眼前的享乐而滋生轻慢，或去赞美一个人的幸福。随着时光流逝，这种幸福可能会遭遇变故，因为捉摸不定的未来还没来临，所以只有那些被上天注定终身幸福的人才可以说是幸福的。”

梭伦说完就离开了。后来，吕底亚国被波斯打败，被俘虏的克罗伊斯被绑在火刑架上等待被烧死，才恍然大悟，大声喊道：“啊，梭伦！梭伦！你是对的！”波斯国王居鲁士觉得奇怪，问他为什么这么喊。克罗伊斯于是讲述了梭伦曾经和他说过的话，并表示终于明白，人只有到生命的终点才能知道此生是不是幸福。居鲁士听完，深有同感，认为可以警示后人，便赦免了克罗伊斯。[①] 类似的故事，1986年6月，芒格在美国哈佛大学毕业典礼上也讲过：“在生命没有结束之前，没有人的一生能够被称为是幸福的。”[②]

塔勒布称这种只有在生命的最后时刻才能评判是否幸福为“梭伦的警示”，借鉴“梭伦的警示”，作者把投资者投资期限到期或投资生涯结束时刻称为“梭伦时刻”。

大家耳熟能详的投资传奇有格雷厄姆、巴菲特、林奇等，专业投资者推崇较多的则有利弗莫尔、费雪、芒格、比尔·米勒，等等。这些杰出投资者，有的已经在时间轴上走到终点，或已经结束了自己的职业投资生涯，有的则依然守护在复利机器旁，续写投资传奇。

---

① 纳西姆·尼古拉斯·塔勒布著，包新周、张玉昭译，《成事在天：机遇在市场及人生中的隐蔽角色》，中国经济出版社，2002年8月出版，第9—10页。

② 彼得·考夫曼编，李继宏译，《穷查理宝典》，中信出版集团，2016年7月出版，第173页。

我们这里介绍几位充满传奇色彩的投资大师，看看这些投资期限很长，在投资生涯已经结束或即将结束的最后谢幕时，在“梭伦时刻”，到底谁被时间老人青睐，谁又被时间老人无情地抛弃。

彼得·林奇：巅峰退隐的投资传奇

彼得·林奇被称为“历史上最伟大的投资人之一”“首席基金经理”，他在其职业生涯取得巨大成功的巅峰时刻，近乎完美地选择了“功成身退”，成为投资界的一段传奇故事。截至1990年，林奇管理麦哲伦基金13年，13年间的平均复合收益率达到29%，麦哲伦基金管理的资产规模也由当初的2000万美元成长至140亿美元，基金持有人超过100万人，成为当时全球最大的基金。1977年5月31日，如果人们在麦哲伦基金投入1000美元，13年后，到1990年5月31日林奇离开这天，这1000美元将变成2.8万美元。

1990年，就在他的职业巅峰时刻，林奇拒绝了富达基金非常慷慨的挽留条件，选择退出基金经理岗位。离职时，林奇说：“尽管我乐于从事这份工作，我很有成就感，也很风光，但我同时也失去了待在家里，看着孩子们成长的机会。孩子们长得真快，一周一个样。几乎每个周末都需要她们向我自我介绍，我才能认出她们来。”“你开始反思为什么自己以前不懂得珍惜宝贵的生命时光，不多花一些时间陪孩子们去参加学校里的体育比赛、去滑雪、去看橄榄球赛。你会提醒自己，再也不要当一个工作狂了，因为没有人在临终时会说：‘我真后悔没有在工作上投入更多的时间！’”[①]

林奇虽然不做基金经理，但没有完全离开富达投资，目前还担任富达投资的副董事长，已经为富达工作超过了50年。林奇同时也为一些非营利性组织提供投资咨询，为自己和自己的基金会进行投资。他和妻子给包括波士顿学院在内的教育机构进行了大量捐赠（波士顿学院的教育学院就是以他们的名字命名的），他们还为马萨诸塞州自治区的低收入社区的学校筹集资金，林奇半退休后在公益事业上付出了巨大的金钱和时间。

大家都很好奇，退休后的林奇管理自己的资金做得怎么样？2019年底，林奇接受《巴伦》杂志采访，在讲述他已故妻子的个人退休账户的故事时，透露了这个问题的答案。从1974年到2014年妻子卡罗琳因白血病去世，卡罗琳的个人退休账户资金增值到了800万美元，林奇估计该账户上涨了350 000%，用林奇的话说，这等于是一只“3500倍股”。这个账户现在归林奇基金会所有。

比尔·米勒：“金手指”重新回归？

比尔·米勒是美国华尔街著名“金手指”。1991年至2005年，就职于美盛（Legg Mason）期间，米勒的投资业绩连续15年跑赢标

① 彼得·林奇、约翰·罗瑟查尔德著，刘建位、徐晓杰、李国平等译，《战胜华尔街》，机械工业出版社，2011年3月出版，序言。

普500指数，享誉整个投资界，被很多人认为是迄今最伟大的基金管理人之一。然而，从2006年开始，米勒的霉运就开始了。2006年错过了能源股的大牛市，导致旗下基金当年涨幅仅5.9%，同期标普指数涨幅15.79%，首次跑输大盘。到了2007年，金融市场开始出现信贷危机，米勒错误判断危机的严重性，并重仓金融股，导致基金当年收益下跌6.7%，同期标普指数上涨5.49%。最惨烈的是2008年，米勒依然坚持自己的判断，甚至有些固执，他在金融股的暴跌中，大跌大买，然而，过去屡试不爽的逆向投资在2008年突然失灵。米勒踩中的“地雷”包括贝尔斯登、华盛顿互助银行、花旗集团、美林证券、房地美和AIG等，给基金造成了惨重损失。2008年美股市场整体暴跌37%，而米勒的基金损失则高达58%。连续三年的跑输市场，特别是2008年的暴跌给米勒的业绩和声誉带来了巨大的伤害。

2008年，米勒的业绩在晨星公司的同类基金业绩排行榜上排名垫底，投资者也开始离开米勒，短短一年间，米勒管理的资产规模从165亿美元大幅缩水至43亿美元。糟糕的业绩也拖累了所在公司的股价，美盛的股票在2008年的累计跌幅达到75%。沉重的投资损失加上离婚财产分割，使米勒的个人财产在几个月内缩水了约90%。后来米勒在接受采访时说，自己当时没能恰当地估计到这场流动性危机的严重程度，给自己挖了很大的坑。

在经过一段时间的沉寂后，米勒2016年离开了美盛，创立了自己的Miller Value Partner基金。借助于早期的亚马逊和比特币的重仓投资，从2016年开始，米勒重新回归大家谈论的焦点，并成为华尔街“新”宠儿。亮眼的投资回报率也证明了米勒的“复活回归”。2019年和2020年，米勒管理的机会信托基金（以份额Class A费前收益为例，下同）的年收益率分别为33.94%、38.61%，战胜同期标普500指数的涨幅31.49%和18.40%。最引人注意的是，在2020年初因新冠疫情暴发导致的美股大起大落期间，从2020年3月31日到2021年6月30日的一年半时间里，米勒的基金涨幅达到了惊人的175.64%。[①]

米勒回归的秘密是他在早期就重仓投资了亚马逊和比特币。早在1997年亚马逊上市后不久，米勒就开始投资这家电子商务集团。在互联网泡沫破裂后，他增持了这家电商公司的股份。尽管2008年投资者从他的基金中撤资时，他被迫出售了部分股票，但他也在当年亚马逊股价大跌时购买了该股的看涨期权。米勒说，亚马逊一度占到他个人投资组合的83%，他可能是亚马逊除了贝佐斯和他的前妻之外的最大个人股东。另外，米勒早在2014年就看好比特币，并把自己1%的净身家都拿去投资了比特币，当时每个比特币大约为300美元。2017年，米勒管理的基金用5%的仓位投资了比特币，这时比特币平均为500美元。值得一提的是，当比特币飙升到占基金资产的50%以上时，在赚了近百倍收益后，米勒选择清仓绝大部分比特币资产。

---

① 米勒机会信托基金2022年3季度报告，载于米勒价值合伙基金官网。

在经历了2019年和2020年的辉煌后，2021年和2022年米勒的机会信托基金又受到重挫，2011年基金收益率为-3.24%，而同期标普指数上涨28.71%；2022年前三季度基金收益率-37.33%，同期标普500指数-23.87%。2021年和2022年不佳的投资业绩导致基金的3年、5年、10年的复合收益率均低于标普500指数。[①]

米勒不喜欢分散投资，对看好的投资会集中重仓投资。米勒认为，真正有意义的是正确的时候能赚多少。假如10次里错了9次，但只要第10次上涨了20倍，就足够了。米勒的持股时间也很长久，平均持有年限长达4—5年，而美国主流基金的持股年限大约为1年。在经历了大起大落后，米勒于2019年开始重回巅峰状态，但米勒重仓、逆向投资，长期持有的投资风格，也决定了其投资业绩波动很大。成也米勒，败也米勒，这种大起大落，也只有米勒能承受得起。米勒的梭伦时刻目前还不能下定论，需要拭目以待。

菲利普·费雪：晚年陷入投资困境

菲利普·费雪是巴菲特公开认可的成长股投资大师，喜欢长期持有优质成长股。费雪提出的15点选股原则和通过闲聊、实地调研判断企业价值的投资理念非常超前，代表作《怎样选择成长股》更是一举奠定了其在价值投资者中的大师地位，费雪的投资理念和

① 米勒机会信托基金2021年年报、2022年3季度报告，载于米勒价值合伙基金官网。

投资方法对后来的投资者的影响丝毫不低于格雷厄姆。

费雪在长达70多年的投资生涯中，虽然没有公开的业绩记录，但其投资记录非常亮眼，一些长期重仓的股票，均收获了巨大的回报，如德州仪器，持有10年，上涨30倍；摩托罗拉，持有25年，上涨30倍。其他长期持有并带来丰厚回报的还有陶氏化学、食品机械，等等。

费雪晚年的投资生涯并不如意，充满了坎坷和悲伤。根据费雪的儿子肯尼斯·费雪在《怎样选择成长股》中引言部分的描述，老费雪的投资下坡路从20世纪70年代的熊市就开始了。费雪到了退休的年龄，精力已经不济，却坚持继续工作，后来又受老年痴呆症的影响，记忆力大幅下滑，投资决策也是受到了极大的影响，买和卖的决策都错得离谱，投资的损失甚至影响到了其晚年的经济状况。

肯尼斯在为《怎样选择成长股》写的引文中这样描述："在他的职业生涯早期，他大概持有30种股票。在20世纪70年代中期，他逐渐卖掉了手中的一部分股票，只把注意力集中在自己最喜爱的几种股票上，以至于大约到了1990年，他仅仅持有六只股票，而到了2000年就只剩下三只了，这几只股票的表现并不好。……在最近几年里，他还保持着很好的演讲和思考能力，但是在重大的决定上思维不够清晰，选择的卖出时机一贯不佳。在生命的末期，他还会说一些类似于'还在寻找能够持有30年的股票'之类的话，对于一个已经85岁高龄的人来说，这是很糊涂的语言。……他在生命末期有限的几次购买并不成功。如果他在80岁或者70岁的时候就不再从事任何的投资活动，那么他的经济条件可能会更好些。”①

费雪晚年的投资困境，并不像其儿子说的违背了其自己的长期持有的原则，或选择了错误的卖出时机。费雪已经充分利用了投资期限长的优势，也得到了长期投资的丰厚回报。费雪的悲剧在于其晚年的身体健康状况已经让他失去了应有的判断力，当你找不到或者认不出时间的唯一朋友——优秀的企业时，长寿反而变成了一种负担。

在生命投资周期的末尾，还致力于“寻找能够持有30年的股票”本身也没有问题，真正的价值投资者在做出投资决策时，都做好了长期持有的准备。但当你的生命走向晚年，如果还面临着经济压力时，就需要谨慎选择投资波动性大的股票了。当你需要用养老金时，如果投资的股票还在坑里，即使你对自己的投资很有信心，你也面临着是继续持有，还是卖出的艰难抉择。这个选择比你年轻时选择即时消费还是积蓄投资更难，因为丰足的后半辈子生活是一切投资的终结目标，理论上是不能拿来做抉择的。

比尔·格罗斯：暗淡落幕的“老债王”

2019年3月1日，差一个月就年满75岁的“老债王”比尔·格

① 菲利普·A.费舍著，冯治平译，《怎样选择成长股》，地震出版社，2007年，引言第12页。

罗斯从骏利亨德森投资公司（Janus Henderson Investors）退休，退休后将专注于管理他的个人资产和私人慈善基金会。格罗斯在一份退休声明中说：“在我的职业生涯中，40多年来我经历了一段美好的时光——在不断创新主动债券管理的过程中，我一直努力将客户利益放在首位。”

格罗斯于1987年创立太平洋投资管理公司，其管理的总回报基金一度成为全球最大的共同基金，在2013年资产接近3000亿美元，太平洋投资管理公司的总资产高峰时更是达到了2万亿美元。从创立之初到格罗斯离职的最后一天，总回报基金的年复合收益率为7.8%。2010年1月，晨星公司授予格罗斯“十年最佳固定收益基金经理”称号并表示：“没有哪个基金经理比比尔·格罗斯赚的钱更多。”

从2011年开始，格罗斯的投资业绩就开始表现不佳，2014年因与管理层冲突被迫离开了当初自己一手创立的太平洋投资管理公司，这段被迫离职经历和后来的个人婚姻问题让格罗斯的声誉受到了打击。

2014年9月，格罗斯加入骏利亨德森投资公司，但不幸的是，他在骏利亨德森的时光并没有完成救赎。虽然顶着“债王”的光环，但格罗斯在新的平台的投资业绩远远未能达到太平洋投资管理公司时代的高度，甚至远逊于同行。其管理的骏利亨德森全球无约束制债券基金2016年回报率4.98%、2017年为2.16%，2018年下跌3.9%。从2014年10月起，格罗斯在骏利亨德森4年多时间里的投资复合回报率不到1%，甚至低于持有美国国债的同期收益率。由于投资亏损，骏利亨德森全球无限制债券基金在2018年遭遇客户信任危机，份额不断遭遇赎回，资产规模从峰值22亿美元降至10亿美元以下，剩下的资金大部分是格罗斯自己的钱。

离开太平洋投资管理公司，格罗斯曾迫切地想再次证明自己，甚至把新办公地就放在原雇主大楼旁边。格罗斯承认自己忽略了一生的教训，在新基金上承担了过多的风险。“我迷失了方向，”他说，“我想证明我仍然可以做到，而且要快。”

格罗斯退休后，还活跃在财经媒体上，经常就宏观经济等问题发表看法，但“老债王”的投资故事已经黯然落幕。格罗斯走下神坛后，关于明星基金经理是投资能力优秀还是只是运气好的争议再起。格罗斯的业绩在2011年时就开始出现问题，一些业内人士认为，他的职业生涯前半期只是运气好，遇上了30年的债券牛市，而当牛市达到高潮时，他就迷失了方向。

2013年4月，在一篇以流行天王迈克尔·杰克逊名曲《镜中人》为标题的投资前景报告中，格罗斯解释了自己的成功：“没有一个活着的债王、股神或至高无上的投资者能登上王位。所有人——包括巴菲特、索罗斯这样的老家伙，好吧，也包括我在内——都是处在一个可能是最有利的时期，这是投资者所能经历的最美好时代。自1970年初美元取消金本位制度起，债券市场凭借高流动性及理想的总回报，不可思议地扩张至今。如果一个承担边际风险的投资者，聪明地利用杠杆，灵巧地躲避周期性的去杠杆化和资产抛售潮，在有些情况下便会被冠上‘伟大’的封号。然而，或许是时代成就了这些人，而不是这些人造就了时代。”

必须承认的是，格罗斯是一位出色的交易员，其积极进取的债券投资在很大程度上造就了现代版的债券基金。同期有很多人抓住了1980年代以来的固定收益大牛市的红利，但格罗斯是其中卓越而富有创新的领导者。公平地说，格罗斯完全配得上他在业内的偶像地位，只是他的自信在职业生涯晚期演变成了狂妄自大，过分相信自己的与众不同，在职业的收官阶段遭遇失利。好在，格罗斯长期的职业生涯为自己积累了相当的财富。尽管离婚一度导致他的个人财富大幅缩水，但在他75岁退休时，《福布斯》估计他的财富有15亿美元。

朱利安·罗伯逊：倒在泡沫破灭前夕的老虎基金创始人

1980年5月，朱利安·罗伯逊以800万美元创立老虎基金，80年代末90年代初，罗伯逊斩获很多成功的投资，初露锋芒。1993年，老虎基金伙同量子基金攻击英镑、里拉成功，并在这次投机行动中获得巨大的收益，老虎基金从此声名鹊起，老虎基金的管理规模也一路膨胀，1998年达到220亿美元的高峰，一度成为美国最大的对冲基金，罗伯逊也被人们称为“华尔街最具影响力的人物”。从成立到1998年前，老虎基金的年平均回报率高达25%，而罗伯逊自己也赚到了约15亿美元。

1998年开始，老虎基金一系列的投资失误，让罗伯逊开始走下神坛。1998年期间，俄罗斯金融危机后，日元对美元的汇价一度跌至147:1，出于预期该比价将跌至150日元以下，罗伯逊命令旗下的老虎基金、美洲豹基金大量卖空日元，但日元在两个月内急升到115:1，罗伯逊损失惨重。在有统计的单日最大损失中，老虎基金一次亏损了20亿美元。到1998年的9月份及10月份，老虎基金在日元的投机上累计亏损近50亿美元。1999年，罗伯逊又重仓美国航空集团和废料管理公司的股票，可是他们的股价却持续下跌，老虎基金再次被重创。做多传统价值股票的同时，罗伯逊还在1999年科技旋风全球刮得最猛烈的时候，同时做空科技股，损失惨重。

一系列的投资失利严重伤害了投资者的信任，从1998年12月开始，大量资金开始撤离老虎基金，到2000年3月，老虎基金资产规模从230亿美元的巅峰跌落到65亿美元。在不得已的情况下，老虎基金宣布将结束旗下六只对冲基金的全部业务，把余下的资金返还投资者，罗伯逊只留下自己的15亿美元继续投资。2000年3月正是互联网泡沫破灭的前夕，老虎基金20年里有18年业绩辉煌，但从投资失利到清盘只用了1年多的时间。罗伯逊彪悍而传奇的投资生涯骤然结束，也给后来的投资者无限的叹息和教训。

退休后的罗伯逊专注投资其他对冲基金，特别是原来老虎基金员工设立的基金。2021年，福布斯全球富豪榜中，罗伯逊以45亿美元财富位列榜单第638名。2022年8月，90岁的罗伯逊去世，一代“华尔街最具影响力的人物”正式谢幕。

对于老虎基金的倒闭清算，业内有人认为是因为罗伯逊“价值型”投资策略在科技股泡沫时的生不逢时，并遇到了巨额资金的撤回。罗伯逊曾预言，科技股崩盘将是美国股市最惨烈的一页，后来发生的事实也证明他是对的，只是没熬到预言实现的那一天，罗伯逊的基金就清盘离场了。

被外界认为是价值投资者的罗伯逊可能只是个伪装的价值投资者。其在科技股泡沫期间失败不能归咎于其对传统价值股的坚守，他对传统价值股的投资并不是一贯的，而是一次逆向投资的投机行为。其重仓押注日元下跌，做空科技股等也不是价值投资行为，而是一次又一次的投机，最后投机失败彻底让罗伯逊走下了神坛。

当然，生意模式也是决定成败的关键之一。科技股泡沫时，坚持价值投资的代表人物巴菲特也是业绩惨淡，备受嘲笑。但巴菲特基本不受市场波动影响，也没有像罗伯逊一样慌了手脚，希冀于下一个赌注来挽回投资者的信心。伯克希尔哈撒韦的股票经历过多次大幅回调，但丝毫不影响巴菲特能利用的现金储备，正是在股价普遍高估时期留存的巨额现金，一次次帮助巴菲特安然度过各种金融危机，并能充分利用危机，大量购买便宜的优质资产。

2021年，金融市场最劲爆的消息就是出自前老虎基金的明星对冲基金经理比尔·黄（Bill Hwang）的爆仓，号称创下史上最大单日亏损金额。退休之后罗伯逊向几十名前老虎基金雇员（小老虎）进行投资，其中也包含了比尔·黄的老虎亚洲基金。罗伯逊在2021年接受媒体采访时表达了对其门徒的支持。罗伯逊表示，他本人是比尔·黄的忠实粉丝，对于他的遭遇感到非常伤心。(爆仓)事件可能会发生在任何人身上，但很不幸这次中招的是Bill。“小老虎们”激进的投资风格可能正是传承于罗伯逊自己，这也能更好地侧面印证2000年老虎基金的倒闭可能就是其宿命。

安东尼·波顿：在中国香港遭遇滑铁卢的“欧洲股神”

安东尼·波顿在退休前被认为是英国乃至欧洲30年来最成功的基金经理之一，曾被《泰晤士报》评选为史上十大投资大师，位列格雷厄姆与巴菲特之后，投资界有“欧洲彼得·林奇”的美称。波顿从1979年开始在富达国际有限公司(Fidelity International Limited)管理富达特殊情况基金(Fidelity Special Situations fund)，到2007年退休前，将近30年间年复合回报率高达20.3%，大幅超越同期英国基准股指7.7%的增长。1979年投资富达特殊情况基金10万英镑，到2007年将变成1470万英镑。

波顿在欧洲战场的投资经历非常成功，退出的时机也堪称完美，波顿的富达特殊情况基金在2007年市场极度疯狂的时候，就大量抛出股票，提高现金头寸，成功降低了2008年金融危机的不利影响。

波顿一直坚持逆向投资的理念，喜欢投资未来收益被低估，但却具有某些潜在因素可以提升未来股价的投资标的。波顿非常重视对公司进行独立研究的重要性，认为反向投资者取得成功的一个重要先决条件是深度研究公司。和其他共同基金的基金经理相比，波顿的操作更为激进，选股也更为独特，波顿会忽视基准指数，忽视股价短期波动，而把投资目标专注在长期内能带来高回报的公司。

2007年，波顿退出了富达基金管理，原本他可以就此功成身退，像林奇一样成为又一个巅峰退休的投资传奇。但出于对中国经济和股票市场投资前景的看好，波顿不久后又重出江湖，在2010年4月成立了一只规模为10亿美元的富达中国特殊情况基金。为了更接近中国市场，波顿甚至把家都搬到了中国香港。

波顿曾说过，中国的崛起令他目眩神迷，这是他们这一代人最宏大的经济发展和投资故事，他内心里不愿意错过这一绝佳的投资时机。波顿的判断非常正确，展现出了一个投资大师高瞻远瞩的眼光。但事实却往往不如人愿，香港市场经历了2009年的反弹，很快又进入一个较长的下跌阶段，波顿在中国市场的试水投资，高调开局，最终以惨败告终。

波顿想把在欧洲的成功投资中小企业的经验运用到中国，他大量投资一些股价表面上被严重低估的民营企业，但因此踩了太多的“地雷”。在出现持续投资亏损后，有“欧洲股神”之称的波顿已经无心恋战，在复出3年后宣布辞任富达中国特殊情况基金经理，并于2014年4月1日正式退休。在他管理期间，从2010年4月到2013年6月18日，该基金净值亏损14.42%，对于波顿而言，这段中国之旅是铩羽而归，在投资生涯末期遭遇了滑铁卢。

从一开始，很多人就对波顿来到中国股市能否成功充满怀疑，但波顿表示："我不是这样看待人生的。生命是短暂的，我要做有趣和富于激情的事情。"但他对小企业的痴迷给自己挖了太多的坑。波顿在总结自己的投资遭遇时说："错误不在我的交易策略，也不在于这个不成熟的市场，而是我把自己的策略放在了这个不成熟的市场。"在踩了很多"地雷"后，波顿在评估公司价值时需要不停问自己："他说的是真的吗？""我能相信他吗？"

波顿在欧洲能取得巨大成功，一方面除了波顿自身有独到的投资理念和策略外，也与他所处的年代非常适合他的投资风格有关。20世纪80年代和90年代，欧洲股市一直处于牛市，2000年美国科技股泡沫破灭，对欧洲市场的实质影响也不大。在持续牛市中，中小股票往往能跑赢大股票，对于偏爱中小成长股的基金经理非常有利。另一方面，波顿背靠富达基金这一顶级的基金管理机构，有着强大的平台研究支持。

虽然头顶明星基金经理的光环，但并不意味着到哪里都能复制成功。强大如巴菲特也不轻易投资美国市场之外的股票。安东尼走出了他的能力圈，在全新的市场，没有挑选到时间的朋友，铩羽而归也不算意外。

当然，波顿到中国股市也算是不走运。在2009年的"小牛市"之后，中国A股和港股就一直表现平平，并大幅落后于全球其他市场。客观评论，波顿在中国股票市场水土不服，并不算是一个非常严重的投资失败，市场和媒体放大了他的高调出场，预期值过高，失望惋惜也随之而来。另外，他在中国市场的投资只有3年多时间，短暂的投资失败经历并不能就此否定波顿作为一个伟大基金经理的地位，只是没有做到像林奇那样完美收官而已。

巴顿·比格斯：晚期饱受投资折磨的前“美国第一投资策略师”

2012年7月14日，《对冲基金风云录》的作者巴顿·比格斯因病去世，享年79岁。比格斯是与索罗斯、朱利安·罗伯逊等齐名的华尔街投资传奇与金融大师。作为摩根士丹利前首席战略官，比格斯的一句评论往往会引发华尔街乃至全球投资者的震动。比格斯2006年出版了《对冲基金风云录》一书，将他的市场影响推向高峰。该书将对冲基金经理比喻为“刺猬”(hedgehog)，称他们“就像刺猬不知疲倦地寻找橡果那样不知疲倦地寻找投资机会”，比格斯以自己亲眼所见和亲历故事，描写“刺猬”们惊心动魄的投资生涯，成功地打动了广大投资者。

比格斯超过50年的金融职业生涯开始于1961年，一开始做分析师，1965年，他与别人合作创立了最早的对冲基金之一的费尔菲尔德合伙企业(Fairfield Partners)。1973年，他以合伙人和常务董事的身份加入了摩根士丹利。他在摩根士丹利工作了30年，曾任该公司的首席战略官。在此期间，他创立了摩根士丹利的研究部，并使之成为世界上最优秀的投行研究部门。他还曾一手创办公司的投资管理业务部，并担任其主席达30年之久。比格斯多次被

《机构投资者》杂志评选为“美国第一投资策略师”。2003年6月，比格斯离开摩根士丹利，与两位前同事共同发起了Traxis合伙基金。

比格斯在担任摩根士丹利首席策略分析师期间最出名的是在1999年成功预言科技股泡沫的破灭，但他自己却为过早看空而懊恼。他在回忆录《对冲基金风云录》里写道：“我在1999年末和2000年春天非常痛苦，因为过早看空了科技股。”以科技股为主的纳斯达克综合指数在2000年3月10日达到了峰值，并在之后的两年半中下跌了78%，科技股泡沫破灭证实了比格斯的预言，为他赢得了市场广泛的赞誉。

然而，命运多舛，造化弄人。2003年，比格斯放弃了从摩根士丹利荣誉退休的机会，以70岁的年纪二次创业，和合作伙伴成立了Traxis基金。他的第二次对冲基金生涯并不完美，先后在2004年和2008年遭遇了两次大的投资挫折，他在随后的日子里经常提及当时犯下的错误，并深为懊悔。

2004年5月做空石油给比格斯带来了巨大的痛苦。当时的油价是40美元一桶，比格斯认为石油的合理均衡价格应为32美元左右。2004年8月19日，油价上冲至48美元，股票市场也应声下挫，比格斯管理的资产较年初缩水了7%。第二天《纽约时报》发表了一篇文章，描述Traxis公司因为做空石油遭受了重大损失，旁边还配了一幅比格斯衣衫邋遢的照片，以强化比格斯的失败者形象。

在《对冲基金风云录》里，比格斯回忆道：“我这个圈子里的人大多是《纽约时报》的读者，这倒确实让我沮丧了一阵。那个周末，我去一个乡村俱乐部参加宴会，感觉到大家都在偷偷看我，但当我想和他们聊天时，他们的视线却很快地转开了。”比格斯在书中提到，30年老客户的信任在几个月间化为乌有。女儿有一次问：“老爸，你倒是说说，你们为什么要做空石油啊？”女儿的声音很甜美，但他听得却是心如刀绞。[①]

比格斯也没有预测到2008年金融危机的严重性，在这场金融危机中，他当时规模为6.35亿美元的Traxis基金，在2008年里损失了31%。

不过幸运的是，比格斯在2009年初准确地预测了美国股市的底部，并大幅抄底，帮助Traxis基金在2009年回报率达到37%，为业内平均水平的三倍。Traxis基金也度过了危机，到2012年比格斯去世时规模达到15亿美元。

比格斯的性格理性、哲学，幽默和坚强，受到广大投资者的喜爱和尊敬。他的儿子小巴顿·比格斯说：“在应对近年来的投资困境和生命最后几周的困苦时，他表现出的气魄让我震撼。当死亡无法避免时，父亲面对死亡时表现出的魄力、勇气和高贵气质都源于他每天应对险象环生的投资事件，即那些事关生死的投资问题时积累的经验。”[②]

---

① 巴顿·比格斯著，张桦、王小青译，《对冲基金风云录》，中信出版社，2007年1月出版，第28—29页。

② 小比格斯《致读者信》，载于巴顿·比格斯著，蒋宗强译，《对冲基金风云录3：王者私语》，中信出版社，2013年10月出版。

我们不清楚比格斯走到生命的尽头，在"梭伦时刻"，是不是后悔，如果从摩根士丹利荣光退休，可以安享一个健康、富足的晚年生活。职业生涯后期跌宕起伏的投资经历，的确对比格斯的身心健康构成了巨大的威胁。

正像比格斯在书中自己描述的一样："长期以来，像我们这样可怜的投资者总是经受着痛苦的折磨。刚刚发掘出一个投资机会时，无论它是做空还是做多的机会，总会有一种探索的喜悦油然而生。这时，你会因各式各样的憧憬而兴奋莫名，一切恰如爱情之初的心之悸动。我们对自己的严谨分析和缜密逻辑充满自信，于是一边确定投资规模，一边幻想能赚大钱。但世事瞬息万变，恰如你的甜蜜恋人突然间变成了一个令你沮丧、狂乱、愤怒的怪物。当这一切发生时，那个怪物——当初设定的仓位，会主宰着你的资产组合和你的投资生涯。痛苦无法斩断，你不断地为你们之间该诅咒的关系苦恼，它不折不扣地影响着你的生活。"①

利弗莫尔：史上最具争议的投机大师

杰西·利弗莫尔的一生是疯狂的一生，也是史上最具争议性的投资人之一。他自评自己的一生是失败的一生，经历四次破产，在

① 巴顿·比格斯著，张桦、王小青译，《对冲基金风云录》，中信出版社，2007年1月出版，第24页。

“梭伦时刻”以自杀终结了自己传奇的一生。

利弗莫尔是公认的20世纪最杰出的股市操盘手之一，投机领域中的天才。在利弗莫尔的年代，上市公司很少披露准确的财务信息，股票报价也很落后，市场上小道消息、炒作盛行。利弗莫尔14岁以5美元起步，21岁赚到第一个1万美金，29岁时身价百万美金，52岁身价1亿美元。利弗莫尔的投资生涯极具传奇色彩，其中，“最后一颗子弹”和1929年10月“黑色星期二”做空股市，豪赚1亿美元的故事，至今被很多人传颂，成为不朽的投资传奇。

1914年，利弗莫尔在第三次破产后，欠下了100万美元债务。寻遍整个华尔街，当时只有一家经纪行愿意为他提供一笔上限500股的交易信用额度。对利弗莫尔的投资人生而言，这是最后一颗子弹，只有一次扣动扳机的机会，他必须做一次不能失败的完美交易，才能东山再起。手握最后一颗子弹，利弗莫尔非常冷静，运用了毕生总结的交易法则和策略，找到了那轮牛市的领头羊——伯利恒钢铁。利弗莫尔认为伯利恒钢铁在突破100元整数关口后会加速上涨，这是最好的加仓机会。为此他耐心等待了六个星期，看着伯利恒钢铁从50到90、到95……最终在98块钱的时候，他开始冲进股市，在98到99这个幅度之内买了500股，当天的收盘价达到114元，然后他浮盈加仓、加到1000股，第二天股价达到145元，涨了50%。利弗莫尔的最后一颗子弹，凝结了他毕生的交易原则，不仅成就了史上最经典的东山再起，也为他在1929年大股灾中疯狂做空并豪赚1亿美元打下了基础。

利弗莫尔广为人知的交易原则包括：上涨中金字塔式加仓，下跌时倒金字塔减仓；集中火力投资行情中的领头股；不要在亏损后补仓；“罗马不是一天建成的”，真正重大的趋势不会在一天或一个星期就结束，行情走完自身的逻辑过程需要时间；密切关注股价的关键点位；市场只有一个方向，不是多头，也不是空头，而是做对的方向；一笔投资亏损不要超过10%。

对于利弗莫尔最后选择自杀结束他的传奇而大起大落的一生，人们议论不一。虽然经历了第四次破产，但他还拥有价值500万美元的不可动信托基金，维持体面的生活并不难。有人认为，利弗莫尔在经过4次破产后，已经失去战胜市场、东山再起的信心和勇气，精神崩塌。也有人认为，利弗莫尔自杀的答案在于他的生活，而不是投资失败。利弗莫尔的人生就像他的投资生涯一样跌宕起伏，他经历多次失败的婚姻，家庭不和，晚年患有重度的抑郁症。

利弗莫尔的拥趸极多，评价极端分化。有很多人把他奉为神明，把他的交易策略奉为圭臬；也有人不屑一顾，认为他的高杠杆、搏命式的趋势投资完全脱离了价值投资理念。他多次破产，多次东山再起，但最终还是以破产结束自己的投资生涯。在价值投资者眼中，这可能是一开始就注定的结局。

在作者准备写杰出投资者的“梭伦时刻”时，首先想到的就是利弗莫尔，因为其投资多次成功，又多次失败，最后自杀结束生命，几乎是“梭伦警示”的最典型例子。但并没有把利弗莫尔的故事放在第一个讲，是因为作者对他充满了尊敬。最后一颗子弹，不是生就是死，一段江湖永久流传的传奇故事，让人热血沸腾，激情再起。利弗莫尔的年代是投资的草莽年代，金钱至上的年代，他的交易方式完美适合他的年代，适合他的性格人生。今天还推崇并执行利弗莫尔交易策略的投资者，面临着完全不一样的市场环境，想复制利弗莫尔的成功故事概率很小。

未完的传奇：巴菲特/芒格

时间老人最青睐的投资者无疑是巴菲特和芒格，这里无须再花太多笔墨描述他们漫长而伟大的投资生涯。如果从巴菲特1956年成立投资合伙公司算起，巴菲特的职业投资生涯已经长达66年（到2022年）。巴菲特和芒格都已经90多岁的高龄，但仍然跳着踢踏舞上班，守护着伯克希尔哈撒韦这个巨大的复利机器。巴菲特和芒格的绝大部分财富集中在市值超过5000亿美元的伯克希尔哈撒韦，他们稳健经营保险、铁路和能源等行业，手握巨额现金资产，几乎不使用财务杠杆，余下的投资生涯大概率也不会犯下致命的错误。巴菲特最近的成功投资故事是2016年重仓投资苹果公司，到2021年底，累计投资收益超过了1200亿美元，是有史以来外部投资者从单个股票投资获利金额最大的一笔投资。巴菲特和芒格虽然到了职业生涯晚期，但传奇还在继续。

读了很多伟大投资者的故事发现，那些坚持价值投资，喜欢买入并持有的投资大师在投资生涯晚期很少遭遇“梭伦时刻”的诅咒，而且寿命更长。股神巴菲特已经91岁了，但依然表现活跃，看不出有任何退休的意愿；芒格已经97岁，虽然处于半退休状态，但每年也照常出席伯克希尔哈撒韦股东大会，时不时还会对市场发表自己的看法；约翰·邓普顿，“全球投资之父”及“历史上最成功的基金经理之一”，活到96岁。菲利普·费雪，成长股投资之父，巴菲特的偶像之一，活到97岁；价值投资的鼻祖格雷厄姆逝世于1976年，活了82岁，在那个时代也算长寿的了。

长期价值投资者大部分时间在耐心等待，阅读“慢而无用”的东西，不纠结市场的短期波动。“跳着踢踏舞”去上班的工作和生活态度让投资变得更容易，也不容易犯下致命的错误。相比之下，那些认为自己比市场聪明，喜欢押注资产错误定价机会，通过市场波动赚钱的投机者，虽然也会有高光的投资时刻，但到了投资生涯晚期，更容易遭遇滑铁卢，成为“梭伦时刻”的输家。

参考书目

1.彼得·考夫曼编:《穷查理宝典》，李继宏译，中信出版集团2016年版。

2.巴顿·比格斯著:《对冲基金风云录》，张桦，王小青译，中信出版社2007年版。

3.巴顿·比格斯著:《二战股市风云录》，张韧译，中信出版社2011年版。

4.巴顿·比格斯著:《对冲基金风云录3：王者私语》，蒋宗强译，中信出版社2013年版。

5.埃德温·勒菲弗著,《股票做手回忆录》，杨丽娜译，百花洲文艺出版社2009年版。

6.沃伦·E.巴菲特著，劳伦斯·A.坎宁安编:《巴菲特致股东的信》，杨天南译，机械工业出版社2018年版。

7.丹尼尔·佩科，科里·雷恩著:《巴菲特和查理·芒格内部讲话》，高剑译，湖南文艺出版社2020年版。

8.卡萝尔·卢米斯编：《跳着踢踏舞去上班》，张敏译，北京联合出版公司2017年版。

9.罗伯特·哈格斯特朗著：《巴菲特之道》，杨天南译，机械工业出版社2018年版。

10.本杰明·格雷厄姆著：《聪明的投资者（第4版）》，王中华，黄一义译，人民邮电出版社2010年版。

11.菲利普·A.费舍著：《怎样选择成长股》，冯治平译，地震出版社2007年版。

12.波顿·G.麦基尔著：《漫步华尔街》，刘阿钢，史芡译，中国社会科学出版社2007年版。

13.霍华德·马克斯著：《投资最重要的事》，李莉，石继志译，中信出版集团2015年版。

14.杰里米·J.西格尔著：《股市长线法宝》，马海涌，王凡一，魏光蕊译，机械工业出版社2018年版。

15.杰里米·J.西格尔著：《投资者的未来》，李月平等译，机械工业出版社2018年版。

16.查尔斯·P.金德尔伯格，罗伯特·Z.阿利伯著：《疯狂、惊恐和崩溃：金融危机史（第七版）》，朱隽，叶翔，李伟杰译，中国金融出版社2017年版。

17.巴顿·比格斯著：《癫狂与恐慌：巴顿·比格斯论金融、经济与股市》，崔传刚译，中信出版集团2016年版。

18.张磊著:《价值》,浙江教育出版社2020年版。

19.亚当·斯密著:《国富论上,下》,郭大力,王亚南译,上海三联书店2009年版。

20.阿比吉特·班纳吉,埃斯特·迪弗洛著:《贫穷的本质》,景芳译,中信出版集团2018年版。

21.加里·史密斯著:《简单统计学》,刘清山译,江西人民出版社2018年版。

22.纳西姆·尼古拉斯·塔勒布著:《成事在天:机遇在市场及人生中的隐蔽角色》,包新周,张玉昭译,中国经济出版社2002年版。

23.纳西姆·尼古拉斯·塔勒布著:《随机漫步的傻瓜》,盛逢时译,中信出版集团2012年版。

24.纳西姆·尼古拉斯·塔勒布著:《非对称风险》,周洛华译,中信出版集团2019年版。

25.本杰明·富兰克林著:《穷查理年鉴》,邱振训译,台湾柿子文化事业有限公司2011年版。

26.乔治·索罗斯著:《金融炼金术》,孙忠,侯纯译,海南出版社1999年版。

27.彼得·林奇,约翰·罗瑟查尔德著:《战胜华尔街》,刘建位,徐晓杰,李国平等译,机械工业出版社2011年版。

28.彼得·林奇,约翰·罗瑟查尔德著:《彼得·林奇的成功投资》,焦绪凤,王红夏译,机械工业出版社2006年版。